Raimund Lindhorst

Darstellungen des Buddha

und ihre symbolische Bedeutung im tibetischen Buddhismus

SIMON + LEUTNER
Berlin

Raimund Lindhorst

Darstellungen des

BUDDHA

und ihre symbolische Bedeutung
im tibetischen Buddhismus

mit 77 großformatigen Farbbildern des Verfassers
aus tibetischen Klöstern im Himalaya

SIMON + LEUTNER
Berlin

In Dankbarkeit meinem Freunde Advayavajra
Maṇḍalacārya des Ordens Ārya Maitreya Maṇḍala
Dr. Karl-Heinz Gottmann

Die Deutsche Bibliothek – CIP-Einheitsaufnahme

Lindhorst, Raimund:
Darstellungen des Buddha und ihre symbolische Bedeutung im tibetischen Buddhismus / Raimund Lindhorst. - Orig.-Ausg., - Berlin : Simon und Leutner, 1997
ISBN 3-922389-78-3

Originalausgabe 1997
1. Auflage: Hardcover, Leinengebunden mit Goldprägung und Schutzumschlag (limitiert auf 2000 Exemplare), ab der 2. Auflage: Hardcover, Efalingebunden mit Schutzumschlag.

Photos: Raimund Lindhorst

Verlag: Simon + Leutner, Berlin

Gesamtherstellung: Druck und Verlag H. Rauscher
Lübarser Straße 40–46 · 13435 Berlin

ISBN 3-922389-78-3

Inhaltsverzeichnis

Vorwort

In unserem abendländischen Denken ist Tibet nicht nur geographisch weit von uns entfernt, sondern wir vermögen auch meist die dortige Kultur, und insbesondere seine geistige Welt, nur schwer zu erfassen. Wir sind geneigt, sie als etwas exotisch Fremdes zu betrachten und uns nicht weiter mit ihr zu beschäftigen, obwohl sie uns viel zu sagen hat. Wenn wir die schier unübersehbare Zahl der Kultbilder in den Tempeln verstehen wollen, die ja ein Schlüssel zu jeder Kultur sind, dann müssen wir uns mit dem Buddhismus und seiner tibetischen Form, die vielfach schlechthin als Lamaismus bezeichnet wird, befassen. Die Namen der im Geist entstandenen Wesenheiten, der sogenannten Götter, der Aspekte des Buddha, mit ihrem stets unterschiedlichen und ganz spezifischen Aussehen, sagen nur zu einem Teil etwas über ihre Bedeutung aus. Deswegen müssen wir auch ihre jeweiligen Körper-, Arm-, Hand- und Fingerhaltungen sowie die ihnen zugehörigen Attribute mit in unsere Betrachtungen einbeziehen. Wir müssen erfassen, was hier geistig ausgedrückt oder gesagt wird. Doch damit fangen für uns die Schwierigkeiten an; denn die in den Klöstern dargestellten Wesenheiten sind von den Adepten in der Meditation geschaute Wirklichkeit, Aspekte des Buddha, die nur aufgrund des engen Verhältnisses von Guru und Tschela sowie durch zahlreiche Einführungen und Initiationen zu erlangen sind. So kann auch die symbolische Bedeutung einer Wesenheit, sowie die aller ihrer Einzelheiten in der Darstellung, nur in der Meditation erfahren werden.[1] Darum sind auch Erkenntnisse, die buddhistische Mönche und Gelehrte in ihren Meditationen erlangt haben, mit in dieses Buch aufgenommen worden.

Im Buddhismus ist alles darauf ausgerichtet, die Menschen zur Erlösung zu führen, was sich in allen Darstellungen, und insbesondere in der Symbolik, widerspiegelt. Wir müssen also versuchen, sie zu entschlüsseln und verstehen zu lernen. Hierbei werden wir uns bewußt, daß es in ihr nichts Materielles geben kann, wenngleich es zum Beispiel auch einen „Reichtumsgott" gibt. Doch dieser darf nur als Wahrer geistiger Schätze verstanden werden, der uns mahnt, sie zu erwerben. Die Erlösung können wir nur durch eigenes richtiges Denken, Reden und Handeln erlangen. Das vermögen wir nur, wenn der Geist richtig entscheidet, wozu die symbolischen Darstellungen Leitbilder sind. Dieser Erkenntnis folgend wurden für diese Arbeit, den einführenden Text zum Verstehen der Vielzahl der Bilder des Buddha, nur qualifizierte Quellen und Informanten herangezogen, insbesondere: Lama Anagarika Govinda – Mitglieder des Ordens Ārya Maitreya Maṇḍala – die tibetischen Zentren in Hamburg und Rikon/Schweiz – die Library of Tibetan Works and Archives, Dharamsala u. a. Es ist erstaunlich, wie sich die einzelnen erhaltenen Auskünfte, auch wenn sie von verschiedenen Seiten kamen, fast nahtlos aneinander fügten, sich ergänzten, zu einem verwuchsen – und insgesamt einen klaren Sinn ergeben. – Die Hinweise zur Aussprache der Sanskritwörter gab freundlicherweise Herr Dr. Klaus Butzenberger, der auch die Übersetzung tibetischer Textstellen vornahm.

Allen, die zum Werden des Buches beigetragen haben, insbesondere Lama Lodro Rinpoche und Lama Loten Dahortsang vom Tibet-Institut in Rikon, die kritisch und hilfreich das Manuskript durchsahen, sei an dieser Stelle herzlich gedankt.

Raimund Lindhorst

Zur Einführung

Solange es menschlichen Geist gibt, versucht er den Tod und das, was danach kommt, zu ergründen. Aus Grabbeigaben längst vergangener Kulturen wissen wir, daß sie alle an ein Weiterleben nach dem Tode, und sei es nur in irgend einer geistigen Form, geglaubt haben. In dieser Richtung unterscheidet sich der Buddhismus nicht von ihnen. Wichtig ist bei ihm das Karmaprinzip, das heißt, daß jedes Lebewesen durch sein derzeitiges Verhalten die Qualität seiner nächsten Wiedergeburt bestimmt. Dies wird durch das Rad der Existenzen, das mitunter auch als Lebensrad bezeichnet wird, sehr eindrucksvoll veranschaulicht.

Im Buddhismus gibt es ähnlich dem Christentum zahlreiche zum Teil sehr unterschiedliche Wege, die zur Erlösung, zum Eingehen ins Nirvāṇa, dem Verlöschen, dem Überwinden von Gier, Haß und Wahn (dem Ich-Wahn), einem Dasein bar jeder Anhaftung, führen. Allen Schulen ist gemein, daß sie auf einem gründlichen Studium der alten Texte aufbauen, wie wir es insbesondere beim Therāvada-Buddhismus haben.

Aus dem Hinayāna („Kleines Fahrzeug" – ein Heilspfad), der die eigene persönliche Erlösung anstrebt, entwickelte sich in Indien im ersten Jahrhundert vor Christus der Mahāyāna-Buddhismus („Großes Fahrzeug"), der die Erlösung aller Wesen erreichen will. Es entstanden die im Geist geschaffenen Wesen und die Bodhisattvas, die auf das eigene Eingehen ins Nirvāṇa verzichtet haben, bis alles, was da lebt, den Weg dorthin gefunden hat. Zwei Jahrhunderte darauf entwickelte sich aus dem Mahāyāna das Vajrayāna (das „Diamantfahrzeug" – ein weiterer Heilspfad), das später in Tibet heimisch wurde. Der Vajra, das Diamantzepter, das Zepter höchster geistiger Klarheit und Macht, mit dem die Wolken der Unwissenheit zerschnitten werden, wurde mit den Bodhisattvas, den Erleuchtungswesen, zum Inbegriff dieser Richtung. Eine weitere Veränderung erfuhr der Buddhismus in Tibet im 7. bis 12. Jahrhundert durch die Integrierung alter schamanistischer Elemente und Wesenheiten, die als Schutzgottheiten übernommen wurden. Über diese Form des Buddhismus mit seinen zahlreichen im Geist entstandenen Wesen soll hier gesprochen werden.

Beginnt man, sich mit der tibetisch-buddhistischen Ikonographie zu beschäftigen, dann steht wohl ein jeder zunächst hilflos den vielen Kultbildern gegenüber. Zu ihnen gehören neben zahlreichen und sehr unterschiedlichen Darstellungen des Buddha auch Heilige, große Lehrer, Übersetzer sowie Gründer von Lehrrichtungen und Klöstern. Ferner tragen die zahlreichen Begriffe wie Buddhas, Bodhisattvas, Tathāgatas, um nur einige zu nennen, anfangs mehr zur Verwirrung als zur Klärung bei. Daher ist die Zahl der Fragen, die sich hier ergeben, sehr groß. Die vordringlichsten dürften sein, ob hier nicht „Götzenbilder" dargestellt und angebetet werden. Warum ist die Zahl der Bilder, denen wir in den Tempeln begegnen, schier unendlich, wo es doch nur einen historischen Buddha Siddhārtha Gautama gibt? Und schließlich fragen wir uns, warum werden die vielen Darstellungen überhaupt gebraucht? Wir benötigen sie alle, um zunächst diese Frage zu beantworten, weil wir uns noch auf einer Stufe geistiger Entwicklung befinden, die der optischen Wahrnehmungen bedarf. Die Kultbilder sind nach Blanche Christine Olschak „gedankenerweckende Werkzeuge"[2], Bilder, die der geistigen Zielsetzung dienen. Sie sind aber auch Spiegelungen unseres Selbst, fried- und zornvoll, zwei gegensätzliche Aspekte ein und derselben Wahrheit. Und die Frage nach dem Grund der Vielzahl der Buddhabilder beantwortet uns Lama Anagarika Govinda. Er sagt: Wir brauchen sie alle, weil Buddha Śākyamuni ein so komplexes Wesen ist, das wir nicht auf einmal in seiner Ganzheit erfassen und uns vorstellen können, da wir noch menschliche Wesen sind. Wir müssen ihn uns deshalb zum Beispiel als Weisen oder Schützer, heilend oder helfend oder mit noch anderen Eigenschaften vorstellen,[3] je nachdem, welchen Aspekt von ihm wir meditativ erarbeiten wollen. So stellt jede in dem Buch behandelte Wesenheit, bis auf den historischen Buddha Śākyamuni selber, einen personifizierten Aspekt von ihm dar. Wir haben es hier also mit einer Vielzahl von im Geist entstandenen Wesen zu tun, die körperlich nicht existent waren oder sind, die aber alle, jeder für sich, eine gesonderte Bedeutung und einen eigenen Namen besitzen und darüber hinaus als Symbole verstanden werden müssen.[4] Die Aspekte Buddhas fordern uns auf, selber zu handeln, etwas zu tun: andere zu beschützen (Tārā) oder zu helfen (Avalokiteśvara), uns bewußt zu werden, daß alle Menschen gleich sind (Akṣobhya – spiegelgleiche Weisheit), uns geistig zu reinigen (Vajrasattva) oder dem großen Versucher Māra zu widerstehen und das Wasser der Langlebigkeit in unserem geistigen Leib entstehen zu lassen (Amitāyus) – um nur einige Wesenheiten mit jeweils einer ihrer Bedeutungen zu nennen. So sind alle Aspekte des Erleuchteten Leitbilder für den Buddhisten[4] und –

wie die Maṇḍalas – Meditationshilfen, die notwendig sind, da es leichter ist, sich mit abstrakten Dingen zu beschäftigen, sich auf sie zu konzentrieren, wenn man diese, wie mit Hilfe eines Symbols, personifiziert, ein Wesen schafft, das alle gedachten Vorstellungen in sich vereint, sie veranschaulicht. Buddha ist das Ideal höchster **menschlicher** Vollkommenheit, dem es nachzueifern gilt. Somit haben wir es bei Buddha und allen seinen Erscheinungsformen, so unterschiedlich sie auch aussehen mögen, nicht mit „Göttern" zu tun, wenngleich diese Bezeichnung überall in der Literatur zu finden ist. Buddha erfährt höchste Verehrung, aber keine Anbetung.

Wir müssen uns hier auch bewußt werden, daß der Buddhismus eine Religion des „Nichtstillestehens", der geistigen Entwicklung und Wandlung des einzelnen ist. Das können wir an dem Rad der Lehre erkennen, das Buddha einmal in Bewegung gesetzt hat, was nun von seinen Anhängern symbolisch immer wieder nachvollzogen werden muß. Ferner stellt der Achtfache Pfad der Tugend und Selbstzucht, der zurückzulegen ist, einen Reifungsprozeß dar. Wir sehen hieraus, daß der Buddhismus einen Weg der Stufen darstellt (der in letzter Konsequenz aber doch ein stufenloser ist). Daraus ergibt sich, daß es von Buddha auch personifizierte Aspekte der verschiedenen Entwicklungsebenen geben muß – was durch die vier unterschiedlichen Tantra- und Yogaklassen zum Ausdruck kommt –, damit sich ein jeder die Weisheit des Buddha, seinem eigenen Reifegrad entsprechend, meditativ erschließen, erarbeiten kann. Und wie unser Leben auf verschiedenen Ebenen verläuft, so existiert jeder Erleuchtete in Form von drei Körpern *(trikāya)*. In der Welt des Scheins ist es der Körper der „Wandlung" *(nirmāṇakāya)* – in der Welt der geistigen Schauung haben wir den „Körper geistiger Verzückung" oder der „Beseligung" *(sambhogakāya)* und in der metaphysischen Wirklichkeit den „Gesetzeskörper" *(dharmakāya)*.[5] So finden wir Bilder des Erleuchteten entsprechend den unterschiedlichsten Aspekten mit einem oder einer Vielzahl von Köpfen und Armen, fried- oder zornvoll und in unterschiedlichen Farben dargestellt.

Sieht ein Nichtbuddhist die aus dem tibetischen Raum stammenden buddhistischen Kultbilder, so ist er geneigt, sie nach allgemeinen Kunstkriterien zu beurteilen. Er erkennt vielleicht ihre Ausdruckskraft, wie fein oder auch grob sie gearbeitet oder gemalt worden sind, rückt bei seiner Betrachtung ihren darstellerischen Aufbau in den Vordergrund und vergißt, auch bei ungewollten Vergleichen, daß sie oftmals unterschiedlichen Zeitabschnitten angehören und verschiedenen Kultureinflüssen unterliegen. Frühe Darstellungen sind vielfach im altindischen Stil und mit wenigen Konturen entstanden. Ganz entgegengesetzt ist die kaschmirische Bildgestaltung mit ihrer Liebe zum Detail, die heute noch bei den dortigen Lackmalereien zu bewundern ist. Der chinesische Einfluß ist an seinem feinen Pinselstrich und an der auch häufig erfolgten Einbeziehung der Landschaft mit in die Bildkomposition zu erkennen. Allen diesen Darstellungen ist gemein, daß sie im heilsamen Tun geschaffen wurden und von ihren Schöpfern erlebte Wirklichkeit sind. Die Darstellungen sind meist Leitbilder und personifizierte geistige Vorgänge, die in vielen Jahrhunderten entstanden sind und einen inneren tiefen Sinn besitzen, der einem Laien jedoch verborgen bleibt. So können alle diese Bilder nicht mit unseren Maßstäben gemessen werden, da sie dem ästhetischen Empfinden unterliegen, und im übrigen ist es nicht die Aufgabe der Darstellungen in den Tempeln zu gefallen, da sie nicht der Dekoration dienen.

Dies Buch will versuchen, allen Interessierten zu helfen, diese tiefsinnige Religion und Kultur verstehen zu lernen. Es ist bemüht, auf viele Fragen eine Antwort zu geben; wenngleich vieles offen bleiben mußte, da nicht für alles zufriedenstellende Informationen oder Auskünfte zu finden oder zu erhalten waren. Deswegen war es leider auch nicht möglich, alle hier vorgestellten und im Geist entstandenen Wesen mit Leben zu erfüllen und ihre symbolische Bedeutung aufzuzeigen.

Dann muß darauf hingewiesen werden, daß in der Symbolik verschiedene Ebenen unterschiedlicher Bedeutung vielschichtig austauschbar sind.[4] Ferner ist davon auszugehen, daß vielfach der ursprüngliche Sinn symbolischer Darstellungen im Laufe der Jahrhunderte verlorengegangen sein wird und später Neuinterpretationen stattgefunden haben. Als weiteres müssen wir uns bewußt werden, daß eine verständliche Behandlung dieser vielschichtigen und komplexen Religion nur möglich ist, wenn wir bereit sind, eine gewisse Vereinfachung des Sachverhalts hinzunehmen.

Buddhas

Buddha Sākyamuni (Bildtafeln 1–5)

Anfangs hat es von ihm keine Bildnisse gegeben, bis man dazu überging, ihn indirekt durch den Abdruck seiner Füße, einen Thron oder Bodhi-Baum symbolisch darzustellen. Buddha Śākyamuni ist „der Weise aus dem Geschlecht der Śākyas". Er erlangte unter einem Pipal-, einem Pappelfeigenbaum, seine Erleuchtung *(bodhi)*, die Māra*, der große Versucher und Hinderer allen Fortschritts und aller Befreiung, verhindern wollte. Dieser verkörpert die Leidenschaften sowie die Anhaftungen an die karmische Welt und ist bestrebt, alle Lebewesen an den Saṃsāra, den Kreislauf von Geburt, Tod und Wiedergeburt, zu binden. So wurde Māra zum Synonym für den Herrn des Totenbereiches, das heißt, der Welt mit ihren Formen unerlösten Lebens.[4]

Buddha erkannte die Vergänglichkeit der irdischen Welt und daß sie dem Kreislauf von Geburt, Tod und Wiedergeburt unterworfen ist. Ferner wurde ihm die Ursache des Leidens auf dieser Welt klar (die Vier Edlen Wahrheiten) sowie der Weg, der aus dieser Verstrickung herausführt (der Achtfache Pfad der Tugend und Selbstzucht). Diese Erkenntnis wollte Buddha zunächst für sich behalten, doch dann folgte er der Bitte Brahmās und setzte mit seiner ersten Darlegung des Dharma das Rad der Lehre *(dharmacakra)* im Hain von Isipatana, dem heutigen Sarnath, in Gang, wobei ihm auch die Tiere lauschten. – An dieses Ereignis erinnert noch heute eine Darstellung des Rades der Lehre, das wir, von zwei Gazellen flankiert, vielfach über den Eingängen zu den Dharmahallen, den Tempeln, in denen die Lehre verkündet wird, finden. – Eingangs seiner ersten Lehrrede zu Benares begann Buddha wie folgt zu seinen früheren Weggefährten zu sprechen: Leihet das Ohr, o Mönche, die Befreiung vom Tod ist gefunden! ... Es ist der erste Hinweis darauf, daß wir mit dem Achtfachen Pfad der Tugend und Selbstzucht die Drei Grundübel oder Wurzeln: Gier, Haß und Verblendung oder Wahn (Ich-Wahn), überwinden und damit auch freiwerden von „mein, mir und Ich" und dem Kreislauf von Geburt, Tod und Wiedergeburt *(saṃsāra)* entrinnen und ein-

---

*) Sanskrit und Pali: = Mörder, Zerstörer

mal das Nirvāṇa erreichen können. – Dann ist Buddha Jahrzehnte lehrend durch das Land gezogen, bis er etwa 480 v. Chr. ins Nirvāṇa eingegangen ist. Acht Ereignisse oder Stationen aus seinem Leben finden wir verschiedentlich durch acht in einer Reihe stehende Tschörten, die mitunter alle eine andere Bauform besitzen, veranschaulicht. Sie erinnern unter anderem an die Geburt des Buddha, seine Erleuchtung, seinen Besuch im Himmel der Götter, das Inbewegungsetzen des Rades der Lehre (seine erste Darlegung derselben) sowie an sein Eingehen ins Parinirvāṇa. Aber auch die darstellende Kunst hat sich mit seinem Leben seit hunderten von Jahren beschäftigt, was zahlreiche Bilder belegen.

Buddha Śākyamuni ist der Buddha des jetzigen Weltzeitalters (vor ihm hat es schon andere gegeben, sechs Namen werden genannt).

Er wird immer mit natürlicher oder goldener Hautfarbe und schlicht als Mönch gekleidet dargestellt. Ferner sehen wir ihn stets mit lang heruntergezogenen Ohren, die ausdrücken, daß er auch nach innen zu hören vermochte, mit einer kleinen gekräuselten Locke zwischen den Augenbrauen – die mitunter auch als Auge der Weisheit angesehen wird –, mit kurzem (blauem) gekräuseltem Haar und mit einer Erleuchtungserhöhung *(uṣṇīṣa)* auf seinem Haarknoten.

Als Buddha in die Hauslosigkeit ging, hat er sich nach der Legende, den damaligen Gepflogenheiten folgend, sein Haar (mit einem Schwert) abgeschnitten, was dann nicht wieder nachgewachsen sein soll. Einer neueren Aussage gemäß soll das der Erleuchtete damals jedoch nicht getan haben, wie er auch fernerhin nie sein Haar hat schneiden lassen. Vielmehr hat es sich der Erwachte zu einem eindrucksvollen Haarknoten auf seinem Kopf aufgetürmt.[6]

Alte Darstellungen, insbesondere Bronzen, zeigen uns den Vollendeten auch in stehender Haltung, während wir ihn bei neueren Bildnissen meist als Mönch gekleidet und in Meditationshaltung auf einem Lotosthron sitzend finden. Er führt dabei fast immer die symbolische Hand- und Fingerhaltung *(mudrā)* der Meditation oder die der Erdanrufung aus, zum Zeugnis, daß er dem großen Versucher Māra widerstanden hat.

Der Ur- oder Ādi-Buddha (Bildtafeln 6–9)

Diese im Geist entstandene Wesenheit verkörpert und personifiziert die immer bestehende Buddhaschaft in allen lebenden Wesen und ist das Symbol der immer gegenwärtigen Potentialität der Erlösung und Befreiung. Sie wird im Mahāyāna vielfach mit dem Absoluten, der transzendenten und daher undenkbaren Leere oder Leerheit *(śūnyatā)*, gleichgesetzt. Die „vollständige Leerheit" bedeutet jedoch nicht, daß dort nichts ist, sondern sie drückt aus, daß sie frei ist von allen Vorstellungen und daß alle Dinge – wie auch unser Ego – ohne selbständige, dauerhafte Substanz sind, eine Ebene, in der es auch kein „mein, mir und Ich" mehr gibt.[4]

Die Lehre vom Ādi-Buddha geht möglicherweise in das 4. Jahrhundert n. Chr. zurück und erfuhr im 10. Jahrhundert mit dem Aufkommen des Lehrsystems des Kālacakra ihre Vervollkommnung und ihren Höhepunkt.[7]

Vom Ur-Buddha finden wir drei verschiedene Erscheinungsformen, die je nach Lehrrichtung andere Betrachtungsweisen des Erleuchteten in den Vordergrund stellen.

Vajradhara ist bei der Kagyüpa- und der Sakyapa-Schule die Personifizierung der Aufhebung und Beseitigung der Polaritäten und damit der Gegensätze und ist folglich ein Symbol für das zum Stillstandkommen des Kreislaufs des Wiedergeborenwerdens.[4]

Vajradhara wird fürstlich gekleidet und geschmückt und in Diamanthaltung auf einem Lotosthron sitzend dargestellt. In seiner rechten Hand erkennen wir das Zepter der diamantklaren Wahrheit, ein (männliches) Symbol der Essenz der wahren Wirklichkeit (*śūnyatā* – Leere, Leerheit, Ichlosigkeit), die unzerstörbar ist, den Vajra. Ihn hält Vajradhara vor die linke Hälfte seiner Brust, die als seine weibliche gilt. Mit seiner Linken führt er dagegen die als weiblich geltende Glocke, die Ghaṇṭā, die Stimme des Dharma oder der höchsten Weisheit, vor den männlichen Teil, die rechte Seite seiner Brust, wobei sich seine Handgelenke überkreuzen. Die beiden so gehaltenen Attribute und Kultgeräte verkörpern die angestrebte Einswerdung von Weg *(upāya)* – durch den Vajra symbolisiert – und Weisheit *(prajñā)* – durch die Ghaṇṭā veranschaulicht –. Diese Haltung drückt ferner, in der Erkenntnis der Leerheit aller Erscheinungen *(śūnyatā)*, die Aufhebung der Gegensätze aus.[4]

Samantabhadra, der „Allumfassende Gute" oder der „Ringsum Segensreiche" wird von vielen Schulen als Schützer aller derjenigen verehrt, die die Lehre darlegen. Er verkörpert die Weisheit *(prajñā)* der Einheit von Wesensgleichheit und Unterscheidung, das Begreifen von Gleich- und Verschiedenheit.[4]

Eine große Anzahl der im Geist entstandenen Wesen, Aspekte des Buddha, werden in der tibetischen Form des Buddhismus meist durch ein männliches Wesen veranschaulicht und verschiedentlich darüber hinaus auch noch zusätzlich durch eine weibliche geistige Entsprechung, eine mystische Partnerin *(paredra)*.

Sie verkörpert seine Weisheit, das Wissen um das Wahre-Wesen aller Dinge, das freigeworden ist von Gier, Haß und Wahn. Sie wird deshalb oft auch als seine Prajñā oder auch die zu ihm gehörende Ḍākinī bezeichnet. Wird das Paar gemeinsam dargestellt, dann geschieht es in enger Umarmung, in Yab-yum, was Vater [und] Mutter bedeutet. In dieser Form sehen wir immer Samantabhadra und verschiedentlich auch Vajradhara abgebildet. Samantabhadra wird dabei stets völlig nackt und in der dunkelblauen Farbe der transzendenten Weisheit des Dharmadhātu, der „Sphäre des Dharma",[8] in einem tiefen Blau, wie wir es morgens gen Westen am tibetischen Firmament wahrnehmen können, dargestellt. Der Körper seiner weiblichen Entsprechung, seiner Ḍākinī, ist dagegen, zum Ausdruck ihrer absoluten Reinheit, von weißer Gestalt und, zum Zeichen ihrer unverhüllten Wahrheit, unbekleidet.[4]

Mahāvairocana ist der dritte Ādi-Buddha, den wir sehr viel früher in der tantrischen Literatur finden. Er wurde früher bei Kathmandu verehrt und steht jetzt im Zentrum der japanischen Shingon-Schule.[9]

Dhyāni-Buddhas oder Jinas (Bildtafeln 10–19, 77)

Will sich jemand die Erleuchtungsweisheit des Buddha erschließen, dann wendet er sich (die Namen in Sanskrit) den Tathāgatas, den Vollendeten, die an das andere Ufer gelangt sind (d. h. die Erleuchtung erlangt haben), den Jinas (Siegern) oder den Dhyāni-(Meditations-) Buddhas zu.

Der Buddhismus erfuhr im Laufe der Jahrhunderte Veränderungen. So fanden im tibetischen Raum die Bodhisattvas Eingang in den Buddhismus, und den Tathāgatas wurden Befleckungen angelastet – mit denen wir uns später noch zu beschäftigen haben –, so daß diese im Geist entstandenen Wesen genaugenommen keine „Vollendeten" mehr sind. Deshalb erscheint es heute folgerichtig, bei dieser Gruppe von Aspekten des Erleuchteten nicht mehr von „Tathāgatas" zu sprechen.

Die Dhyāni-Buddhas stellen Spiegelungen des Ur-Buddha dar, und verkörpern – bis auf Vairocana – jeweils einen Aspekt der Weisheit des Erleuchteten sowie einen Skandha, eine Gruppe des Anhaftens[6], – auf die auch noch eingegangen werden muß.

Betritt man geistig ein Maṇḍala, so geschieht es gleich der aufgehenden Sonne, die im Osten ihren Tageslauf beginnt. Dort hat **Akṣobhya** (der Unerschütterliche) seinen Platz und führt die symbolische Hand- und Fingerhaltung

(mudrā) der Erdanrufung aus. Er ist von blauem Aussehen und steht für die reflexive Weisheit. Sein Reit- oder Throntier ist der Elefant.

Nun folgt der Meditierende dem Sonnenlauf und gelangt zu **Ratnasambhava** (der Juwelengeborene) im Süden. Wie die Sonne von dort um die Mittagszeit gelbe Strahlen aussendet, so hat Ratnasambhava eine gelbe Hautfarbe. Er hält seine rechte Hand nach außen gedreht und zum Beschauer hin offen zur Mudrā des Gebens geformt und veranschaulicht die synthetische Weisheit. Sein Throntier ist das Pferd.

Dann kommt der Meditierende nach Westen zu **Amitābha** (das unermeßliche Licht), und wie die Sonne alles zu Sonnenuntergang in ein rotes Licht taucht, so wird dieser Dhyāni-Buddha in Rot dargestellt. Seine Hände hat er zur Mudrā der Meditation zusammengelegt und versinnbildlicht die analytische Weisheit. Sein Reittier ist der Pfau.

Im Norden des Maṇḍalas finden wir **Amoghasiddhi** (der sein Ziel unbeirrt verwirklicht) mit nachtgrüner Hautfarbe. Seine Mudrā ist die des Segnens und der Beruhigung. Er verkörpert die aktive, durch die Kraft der Liebe und des Mitleids vollendete Weisheit, die zu karmafreiem Handeln führt, die auch Toleranz verlangt. Sein Symboltier ist der Garuḍa.

Als letztes tritt der Meditierende in das Zentrum des Maṇḍalas ein, in dem **Vairocana** (der Sonnengleiche) seinen Platz hat. Wir sehen ihn mit der Mudrā des Lehrens oder Drehens des Rades der Lehre. Er versinnbildlicht die alles vollendende Weisheit und ihre Transzendenz sowie die Leere *(śūnyatā)*. – Wie sich die Einzelaspekte der Erleuchtungsweisheit der anderen vier Tathāgatas in Vairocana vereinen, so verschmelzen auch ihre Farben: Blau, Gelb, Rot und Grün zu dem Weiß seiner Gestalt. Vairocana erleuchtet die ihn umkreisenden Dhyāni-Buddhas gleich der Sonne, die die sie umkreisenden Planeten bestrahlt. Sein Symboltier ist der Löwe, den wir auch bei Buddha Śākyamuni finden, und von dessen Pranke (dem Dharma) es heißt, wen sie trifft, den trifft sie richtig.[4]

Betrachten wir nun die fünf Dhyāni-Buddhas in der gleichen Reihenfolge und legen unser Augenmerk auf ihre symbolischen Hand- und Fingerhaltungen und ihre Bedeutungen. Beginnen wir wiederum im Osten bei Akṣobhya (blau), dessen rechte Hand zur Erde gerichtet ist und die Handfläche zum Körper zeigt. Es ist die Mudrā, die wir bei Buddha Śākyamuni nach seiner Erleuchtung sehen, wie er die Erde zum Zeugnis anrief, daß er dem großen Versucher Māra widerstanden hat. Diese Handhaltung ist zum Symbol für das Erwachtsein, die gewonnene Erleuchtung, geworden, die man im weiteren Sinne auch als die geistige Geburt betrachten kann.

Der nächste Dhyāni-Buddha ist Ratnasambhava (gelb), der eine sehr ähnliche Mudrā ausführt. Nur ist jetzt die rechte Hand gedreht und zum Beschauer hin offen. Es ist die Geste des Gebens, der Gebefreudigkeit. Ratnasambhava gibt uns den Dharma, die Lehre. Und wenn wir sie nutzen, dann wird diese Handhaltung zum Symbol für das Reifen, das Werden.

Bei Amitābha (rot) finden wir die beiden Hände zur Meditation zusammengelegt, zur Mudrā der Meditation, die ein Ausdruck der Verinnerlichung ist.

Dann kommen wir zu Amoghasiddhi (nachtgrün). Seine Rechte ist zur Geste der Furchtlosigkeit, des „fürchtet euch nicht" erhoben. Sie kann dahingehend interpretiert werden, daß wir uns vor dem Weg, den wir zu gehen haben, sowie vor der zu gegebener Zeit eintretenden Wandlung (dem Tod) nicht fürchten sollen. Als letztes gelangt der Meditierende in das Zentrum zu Vairocana (weiß), der mit beiden Händen das Rad der Lehre symbolisch in Bewegung hält. Wir sind zur alles umfassenden Weisheit gelangt. – Somit spiegeln die fünf Dhyāni-Buddhas auch die Entwicklungsstufen, den Werdegang Buddha Śākyamunis sowie eines Menschen, von der geistigen Geburt über die Stufen des Reifens oder Werdens, der Verinnerlichung, des Wandels bis zur Vollendung, dem Eingehen ins Nirvāṇa, wider.

Eingangs wurde schon gesagt, daß jedem Dhyāni-Buddha eine der fünf Gruppen des Anhaftens *(skandhas)* zu eigen ist. Es sind dies Körperlichkeit *(rūpa)* – Empfindungen *(vedanā)* – Wahrnehmung *(saṃjñā)* – Wollen *(saṃskāra)* und Bewußtsein *(vijñāna)*. Im Zustand der Buddhaschaft werden sie, wie Lama Govinda sagt, in die entsprechenden Qualitäten des Erleuchtungsbewußtseins verwandelt. Die individuelle Körperlichkeit wird zum potentiellen Allkörper – aus dem egozentrischen Fühlen und Empfinden entsteht das Mitgefühl, die innere Anteilnahme – aus der Sinneswahrnehmung wird die übersinnliche Wahrnehmungs- und Unterscheidungsfunktion der Schauung in der Meditation – aus dem ich-gebundenen karma-wirkenden Wollen wird das karmafreie Wirken des Heiligen und aus dem ich-gebundenen, individuellen Bewußtsein wird das kosmische Bewußtsein.[10] Wir sehen hier also einen Reifungsprozeß aufgezeichnet, den nach buddhistischer Auffassung ein lebendes Wesen gehen muß, um dereinst die Erlösung, das Nirvāṇa, zu erreichen.

Die Dhyāni-Buddhas verkörpern mit ihren fünf Aspekten der Erleuchtungsweisheit jedoch nicht nur positive Energien, sondern es sind ihnen auch negative Geisteshaltungen eigen. Bei Akṣobhya finden wir die Aggression und den Haß, bei Ratnasambhava den Stolz, bei Amitābha die Leidenschaft und das Begehren, bei Amoghasiddhi den Neid und die Mißgunst und bei Vairocana die Unwissenheit.[11] Wir müssen hier erkennen, daß in diesen gedachten Wesen, die die Erleuchtungsweisheit des Erhabenen personifizieren, genauso gegensätzliche Eigenschaften vorhanden sind, wie in uns Menschen. Die Dhyāni-Buddhas verkörpern einmal das Göttliche und besitzen auf der anderen Seite erdgebundene Anhaftungen, – die noch überwunden werden müssen.

Es bleibt noch anzufügen, daß jeder der Tathāgatas das Haupt einer Buddha-Familie (*kula,* Skt.: Familie) ist, und daß jedes Mitglied einer solchen die negativen Geisteshaltungen ihres Oberhauptes ebenfalls besitzt. Akṣobhya ist der Herr der Vajra-Familie – Ratnasambhava der der Ratna-Familie – Amitābha der der Lotos-Familie – Amoghasiddhi der der Karma-Familie, und Vairocana ist das Oberhaupt der Buddha-Familie.

Alle Dhyāni-Buddhas werden nach ikonographischen Vorschriften schlicht in Mönchsgewändern dargestellt. Dessen ungeachtet sind die Jinas sehr häufig fürstlich gekleidet und geschmückt zu sehen. Offensichtlich ist das eine aus der früheren Bonreligion übernommene Darstellungsform. Es ist noch anzumerken, daß unter bestimmten Voraussetzungen Akṣobhya und Vairocana, „je nach der Betonung der aktiven oder passiven Seite ihrer Natur", untereinander austauschbar sind,[12] und daß die Dhyāni-Buddhas mitunter auch in Yab-yum zu sehen sind.

Die Buddha-Kulas können durch ihre Oberhäupter sowie durch die Farben ihrer Familien veranschaulicht werden.[4] Zwei Beispiele mögen dies belegen, die die gleiche Sinngebung haben. Einmal sind die Darstellungen auf Rollenbildern oder Thangkas von drei Farbstreifen umgeben,[6] die jeweils eine Buddha-Familie symbolisieren.[1] Dann finden wir die Wandbilder in den tibetischen Tempeln, auch wenn die Zahl der Wesenheiten eine ganze Wand ausfüllen, von drei Bändern in den gleichen Farben eingefaßt. – Hier sei darauf hingewiesen, daß die Reinigungen im Buddhismus eine außerordentlich wichtige Rolle spielen, sei es beim Betreten eines Tempels (die Reinigung von Körper, Rede und Geist) oder beim geistigen Betreten eines Maṇḍalas. So können auch die sakralen Darstellungen der gedachten Aspekte des Buddha nur in einem gereinigten und geweihten Bereich vorhanden sein, was die drei Buddha-Kulas verdeutlichen. Das äußere blaue Band steht für die Vajra-Familie (Akṣobhya), die Zone der Reinigung. Der gelbe Streifen veranschaulicht die Inizierung, die Ratna-Familie (Ratnasambhava – Ratna, das Juwel). Das innere rote Farbband symbolisiert die Lotos-Familie, deren Oberhaupt Amitābha ist, der seine Hände zur Meditation, einem Sinnbild der Verinnerlichung, zusammengelegt hat und über das „Westliche Paradies" oder das „Reine Land des Westen" herrscht. So werden auf den Wandbildern in den Tempeln der Klöster alle Aspekte des Buddha im gereinigten „Reinen Land" oder dem „Westlichen Paradies", aus dem es keine Wiedergeburt in einem der sechs niederen Daseinsbereiche mehr gibt, der Vorstufe zum Nirvāṇa, dargestellt, was durch die sie umschließenden Farben der drei Buddha-Familien Blau, Gelb und Rot sowie deren Anordnung zum Ausdruck kommt.

Auf einen Aspekt des Erleuchteten muß hier noch eingegangen werden, auf Amitāyus, die gekrönte Erscheinungsform und den aktiven Reflex des Amitābha. Beide besitzen eine rote Körperfarbe, jedoch trägt ersterer, im Gegensatz zu letzterem, eine fürstliche Gewandung und reichen Schmuck, der aus einer fünfzackigen Krone, Ohrringen, Halsketten sowie Arm- und Fußringen besteht. Amitāyus sitzt gleich Amitābha auf einem Lotosthron und hält, im Gegensatz zu ihm, in seinen zur Meditation zusammengelegten Händen ein Gefäß oder eine Vase *(kalaśa)* mit dem Lebenselixier, dem Wasser des langen Lebens oder dem Nektar der Unsterblichkeit (amṛta). Hierdurch wird uns die Bedeutung dieses Aspektes des Buddha klar. Amitāyus, der den Beinamen das unermeßliche Leben trägt, will uns dazu führen, daß auch wir das Wasser der Unsterblichkeit in unserem geistigen Leib entstehen lassen. Er fordert uns auf, darüber nachzudenken, zu meditieren, wie wir unser Leben gestalten müssen, damit wir das Ziel erreichen. Zunächst müssen wir aber auch erkennen, was wir in unserem bisherigen Leben falsch gemacht, und wodurch wir Verunreinigungen *(kleśas)* unseres Karma hervorgerufen haben. Dann müssen wir uns bemühen, nach dem Dharma zu leben und die Kleśas durch richtiges Denken, Reden und Handeln zu neutralisieren, fortan dem großen Versucher Māra zu widerstehen und Verdienste zu sammeln, damit wir einmal das Nirvāṇa erreichen.

Daraus ergibt sich, daß Amitāyus der große Antipode von Māra, dem ständigen Versucher, ist, der das Rad der Existenzen in seinen Klauen hält und uns nicht aus dem Kreislauf von Geburt, Tod und Wiedergeburt *(saṃsāra)* herauskommen lassen will, wie auch von Yama, dem Herrn des Totenbereiches.

Wir erkennen, daß wir es hier mit einem sehr bedeutungsvollen Aspekt des Erleuchteten zu tun haben. Da ist es nicht verwunderlich, daß Amitāyus auch ein sehr beliebter Yi-dam ist. Doch was ist das? Das Wort besteht aus zwei Teilen. Der erste bedeutet Bewußtsein und der zweite Schutz. Ein Yi-dam ist also ein Schutz für das Bewußtsein. – Ein Schüler, Tschela (skt.: *cela*), wird von seinem Guru durch eine Initiation in den mythischen Kreis seines Yi-dams eingeführt und erhält dabei dessen Mantra, so daß der Tschela künftig über die betreffende Wesenheit, seinen Yi-dam, meditieren und ihn später auch vor seinem geistigen Auge entstehen lassen kann. So bleibt der Adept durch seine Meditationen über seinen Yi-dam sein ganzes Leben mit dem Dharma verbunden.

Die Herukas, die zornvollen Bluttrinker (Bildtafel 74)

Alle „Gottheiten“, die wir bisher kennengelernt haben, besaßen ein friedvolles Aussehen. Doch wie wir nicht immer friedlich dreinblicken, finden wir auch bei den im Geist entstandenen Wesen, die ja eine Reflexion unserer Selbst sind, zornvolle oder rasende Erscheinungsformen. Das zornvolle Aussehen vieler Wesenheiten ist jedoch nicht (wie bei uns) ein Ausdruck der Aggressivität, sondern es macht die Energien sichtbar, die bei der Erleuchtung freigesetzt werden.[4]

Lama Anagarika Govinda sagt über die zornvollen Wesenheiten, daß sie die Mächte der Auflösung und Verwandlung darstellen, „die nur denen furchtbar und zerstörend erscheinen, die an den Dingen dieser Welt und an ihrer beschränkten Daseinsform hängen, während sie für diejenigen, die ihre wahre Natur durchschauen, zu Kräften der Befreiung und Erlösung werden. Sie sind Überwinder der Hindernisse, die Befreier von Knechtschaft, die Symbole des höchsten Mysteriums der Selbstüberwindung – in der Ekstase des Durchbruchs zur Transzendenz, aus der Dunkelheit des Nichtwissens und der Enge der Ichheit. Sie sind die Verkörperung der höchsten Erkenntnis, die wie ein blendender Blitzstrahl alle vernichten würde, die noch nicht reif sind für das Erlebnis einer alle Begriffe des Denkens übersteigenden Wirklichkeit…“[13]

Wir haben uns zuvor mit den Dhyāni-Buddhas beschäftigt, die die Erleuchtungsweisheit des Buddha personifizieren. Von diesen Tathāgatas gibt es bei der Schule der Nyingmapa und der Digunkpa zornvolle Emanationen, die Herukas. Sie erscheinen neben anderen im Geist entstandenen Wesen dem Verstorbenen im

Bardozustand, das heißt, in den ersten 49 Tagen nach seinem Tode, in einer Phase zwischen Tod und Wiederverkörperung. Hier sieht der Verstorbene in der Zeit vom 8. bis zum 12. Tag im dritten Stadium die Herukas, die seinem eigenen Hirn entspringen. Das tibetische Totenbuch gibt uns hierüber nähere Auskunft. Die Herukas und zornvollen Bluttrinker sind ein Ausdruck für die Illusion der karmischen Welt, in der wir leben. Sie dienen, wie Detlef Ingo Lauf sagt, als „Führer auf dem lichtvollen Pfad der fünf Weisheiten.“ Ferner sind sie magische Erscheinungen, die die Macht besitzen, das Böse zu überwinden.[14] So sind die Herukas bestrebt, die fünf geistigen Gifte oder Wurzeln: Nichtwissen/Unwissenheit, Haß, Gier, Neid und Eitelkeit/falschen Stolz in dem Verstorbenen auszulöschen, um ihm zu helfen, seinen Kreislauf des Wiedergeborenwerdens *(saṃsāra)* zu durchbrechen, damit ihm ein Dasein bar jeder Anhaftung *(nirvāṇa)* möglich wird.

Die Herukas werden alle mit drei Köpfen dargestellt, auf denen sich Schädelkronen befinden. Der mittlere Kopf hat stets die Farbe des Körpers, während der rechte weiß und der linke rot ist. Diese Wesenheiten sind bis auf einen Lendenschurz unbekleidet und mit sechs Armen und vier Beinen zu sehen, wie sie ihre Partnerin, Prajñā oder Yum, eng umarmt halten und von einer Flammenaura umgeben sind und zum Teil die Flügel des Garuḍa besitzen.

Der große glorreiche **Buddha-Heruka** erscheint als erster der zornvollen Bluttrinker dem Verstorbenen am 8. Tag. Dieser Heruka ist eine Erscheinungsform des Vairocana und hat ein dunkelbraunes Aussehen. In seinen rechten Händen erkennen wir das Rad der Lehre, ein flammendes Schwert, eine tantrische gestielte Axt und in seinen linken eine Schädelschale *(kapāla)*, eine Pflugschar und eine Glocke, die Stimme der Lehre.

Als zweiten der zornvollen Bluttrinker sieht der Verstorbene am 9. Tag den **Vajra-Heruka**, den Heruka des Diamantzepters, eine Manifestation des Dhyāni-Buddha Akṣobhya. Dieser Heruka hat eine dunkelblaue Hautfarbe, und seine Attribute sind: ein Vajra, das Zepter der diamantklaren Wahrheit, eine Schädelschale, eine tantrische gestielte Axt – eine weitere Schädelschale, eine Pflugschar und eine Glocke oder Ghaṇṭā.

Am 10. Tag nach seinem Tod erscheint dem Verstorbenen **Ratna-Heruka,** der Heruka des Juwels, vor seinem geistigen Auge. Dieser Bluttrinker ist eine Erscheinungsform des Ratnasambhava und hat wie dieser eine dunkelgelbe Körperfarbe. Bei ihm finden wir als Embleme: ein Juwel, einen tantrischen Stab (oder auch Dreizackstab), eine Keule – eine Schädelschale, einen Dreizackstab und eine Glocke.

Padma-Heruka ist der nächste Bluttrinker, der eine Emanation des Amitābha darstellt und gleich ihm von roter Gestalt ist. Bei Padma-Heruka erkennen wir die Attribute: Padma, die Lotosblüte, einen Dreizackstab, einen tantrischen Stab – eine Schädelschale, eine Sanduhr- oder Doppeltrommel *(ḍamaru)* sowie eine Glocke.

Ihm folgt am 12. Tag der **Karma-Heruka**, der eine Manifestation des Dhyāni-Buddha Amoghasiddi ist. Seine Hautfarbe ist diesem entsprechend dunkel- oder nachtgrün. In seinen sechs Händen hält er ein Schwert, einen Dreizackstab, einen tantrischen Stab – eine Schädelschale, eine Pflugschar und eine Glocke.

Bei der Lehrrichtung der Nyingmapa, der „Schule der Alten", gibt es einen weiteren Heruka. Er ist die zornvolle Emanation des Ur-·oder Ādi-Buddha Samantabhadra, der blaue **Chechog-Heruka,** der dem Verstorbenen mit den anderen zornvollen Bluttrinkern im Bardozustand vor seinem geistigen Auge erscheint. Wir sehen ihn – bis auf zwei Sonderformen, die als letzte kurz beschrieben werden – wie die anderen Herukas dargestellt. Seine Attribute sind: der Tantrische Stab Khāṭvānga, eine gestielte Trommel, ein Diamantzepter – eine Schädelschale, ein Meditations- oder Gebetskranz *(mālā)* und eine Glocke. Es ist noch anzufügen, daß von Chechog-Heruka auch Darstellungen bekannt sind, auf denen wir ihn rauchfarben sehen.[15] Von ihm gibt es außer der soeben erwähnten dreiköpfigen und sechsarmigen Manifestation auch eine neunköpfige, achtzehnarmige und rauchfarbene Form sowie eine einköpfige, zweiarmige blaue Emanation mit zwei Flügeln des Garuḍa (Chechog-Heruka), die sich ebenfalls in Yab-yum befinden.

Reinigende Buddhas (Bildtafel 20)

Weitere Aspekte des Erleuchteten helfen dem Buddhisten, sich geistig zu reinigen. Dies mag uns zunächst verwunderlich erscheinen. Werden wir uns aber bewußt, daß unser gesamtes Handeln seinen Ursprung in den Gedanken hat, dann können wir uns dieser Notwendigkeit nicht verschließen. Wie soll ein Mensch zu positiven Gedanken kommen, die zu guten Taten und Werken führen, wenn sein Kopf mit negativen Dingen angefüllt ist, die sein ganzes Tun durchdringen? Die fünfunddreißig reinigenden Buddhas, die man fälschlicherweise meist als die „Buddhas der Sündenvergebung" oder „der Sündentilgung" bezeichnet, vermögen hier wirksam zu werden. Dies kann jedoch nicht geschehen, wie es zum Teil in der christlichen Kirche angenommen wird. Buddha vermag keine Sünden zu vergeben, die es im übrigen im Buddhismus nicht gibt. Fehlverhalten rufen bei dem Verursacher Verunreinigungen *(kleśas)* seines Karmas hervor. Diese müssen durch den Betreffenden durch eigenes positives Handeln überwunden werden, was nur im Kopf mit dem Denken beginnen kann. Zur geistigen Reinigung werden die Namen der fünfunddreißig reinigenden Buddhas eine gewisse Zeit immer wieder rezitiert. Hiermit macht sich der reinigende Mensch allmählich frei, seine Gedanken wenden sich in immer stärkerem Maße Buddha, dem vollkommensten menschlichen Wesen, zu, das vor zweitausendfünfhundert Jahren gelebt hat, und identifiziert sich mit ihm. So wird der menschliche Kopf wieder frei für ein heilsames Denken und Tun.

Ein gutes Beispiel, daß ein Mensch durch eigenes positives Handeln seine Kleśas, seine karmischen Verunreinigungen, überwinden kann, ist der Lebenslauf des großen Mahāsiddha (Beherrscher vollkommener Fähigkeiten) und Yogi Milarepa. Er hat als junger Mensch sehr viel Leid erfahren, später brachte er durch erlernte schwarze Magie Unglück über andere Menschen, wandte sich schließlich voll Reue dem Dharma, der buddhistischen Lehre, zu, führte alle ihm von seinem Lehrer auferlegten schweren Arbeiten aus, und so gelang es Milarepa, sein negatives Karma und den Ozean des Leidens zu überwinden.

Die Anordnung der fünfunddreißig reinigenden Buddhas in allen Richtungen des Maṇḍalas – den Haupt-, Neben- oder Zwischenrichtungen sowie im Zentrum – zeigen die Allgegenwärtigkeit dieser Buddhas an und damit auch, daß ihre Kraft überall gegenwärtig ist.[16]

Alle reinigenden Buddhas sind ebenfalls als Mönche gekleidet, haben ihre Hände zu verschiedenen Mudrās geformt und ihre Körper werden in unterschiedlichen lichten Farbtönen dargestellt, so daß man mitunter vereinfachend von ihnen als den „Regenbogen-Buddhas“ spricht.

Heilende Buddhas (Bildtafeln 21–22)

Buddha ist nicht nur der große Lehrer, er ist auch ein Heiland, einer, der alles heil macht. Denken wir daran, daß viele Erkrankungen, wie zum Beispiel die des Magens, häufig auf seelische Belastungen zurückzuführen sind. Deswegen setzt hier oft, gleich einer psychotherapeutischen Behandlung, die buddhistische Heilkunde ein.

Diese Gruppe der acht Buddhas wird meist in der Literatur als die der „Medizin-Buddhas“ bezeichnet, wohingegen man sie heilende Buddhas nennen sollte. Sie stellen alle nur jeweils einen Aspekt des Erleuchteten dar. Ihr oberster, der vielfach auch allein dargestellt wird, ist der Bhaiṣajyaguru, der „Lehrer der Heilmittel“ oder der „Medizinmeister“, der „König des beryllfarbenen oder Lapislazulichtes“. – Kranke, sowie die in den Heilberufen arbeitenden, wenden sich meditativ diesem Aspekt des Buddha zu.

Es dürfte kaum ein Kloster geben, in dem wir nicht ein Bildnis von ihm finden. Er ist, wie auch die anderen Buddhas, als Mönch gekleidet, von blauer Körperfarbe und hält in seiner rechten herunterhängenden und zum Beschauer hin offenen Hand, die die Mudrā des Gebens ausführt, sein wichtigstes Attribut, einen blühenden Zweig der Myrobalan- (Heil-) Pflanze oder deren Frucht. In seiner linken erkennen wir dagegen seine Almosenschale.

Der Herr der Heilmittel (Bildtafel 23)

Buddha Śākyamuni nahm als heilender Buddha Gestalt an, um Sūtras über Medizin zu lehren.[6] – Als Buddha der Heilmittel mahnt uns nun der Erwachte, alles Erforderliche zu unternehmen, um die geistige Genesung zu erlangen. In seiner entsprechenden zweiarmigen, friedvollen und geschmückten Erscheinungsform zeigt uns die Wesenheit in ihrer erhobenen rechten Hand das Wunschjuwel *(cintāmaṇi)*, während sie in ihrer linken einen Spiegel *(darpaṇa)* hält. Doch er wird uns nicht vorgehalten – wie es der Totenrichter tut – sondern der Spiegel soll uns in dieser gehaltenen Stellung bewußt werden lassen, daß wir an unsere karmischen Verunreinigungen denken sollen, und wie wir sie zu neutralisieren vermögen (Diagnose). – Es muß hier erneut darauf hingewiesen werden, daß der Buddhismus darauf ausgerichtet ist, alle lebenden Wesen zur Erleuchtung zu führen. Das Wunschjuwel erfüllt, was schon sein Name besagt, alle (nichtmateriellen) Wünsche und führt uns zur Erlösung. Es läßt uns erkennen – wenn wir es wirklich wollen – was zu tun ist, damit wir mit dem Achtfachen Pfad der Tugend und Selbstzucht die sechs Vollkommenheiten *(pāramitās)*, die an das andere Ufer führen, erlernen und ausüben – das transzendente große Mitempfinden und Mitleiden mit allen lebenden Wesen *(mahākarūṇā)* uns zu eigen machen und so schließlich die Erlösung, die Buddhaschaft erlangen. So ist der Cintāmaṇi (das Heilmittel) ferner – da die Symbolik vielschichtig austauschbar ist[9] – auch ein Sinnbild für die Erleuchtung, für das Ziel, das wir erlangen müssen.

Bodhisattvas

Nach buddhistischer Auffassung unterliegen alle Lebewesen dem Karmaprinzip, das heißt, jedes Wesen bestimmt durch sein Handeln die Qualität seiner nächsten Wiedergeburt. Jeder wird solange erneut geboren, bis er die Drei Grundübel: Gier, Haß und Verblendung oder Wahn (Ich-Wahn) überwunden hat; letzteres besagt, daß er freigeworden ist von „mein, mir und Ich“. Ferner muß ihm das tantrische Mitempfinden, die Mitfreude genauso wie das Mit-leiden mit anderen Wesen *(mahākarūṇā)* zur zweiten Natur geworden sein (die christliche Kirche würde sagen, die Liebe zu seinen Nächsten). Erst wenn uns das alles ganz zu eigen ist, vermögen wir dem Kreislauf von Geburt, Tod und Wiedergeburt *(saṃsāra)* zu entrinnen und zur Erlösung, zur Erleuchtung und zum Eingehen ins Nirvāṇa, dem Verlöschen, zu gelangen.

In der tibetischen Form des Mahāyāna Buddhismus entstanden im Geist erschaffene Wesen, Erleuchtungswesen, die man sich so vervollkommnet vorstellen muß, daß sie die Buddhaschaft anstreben, aber auf das eigene Eingehen ins Nirvāṇa verzichtet haben bis alles, was da lebt, auch dieses Stadium erreicht hat. Die Bodhisattvas, wie man diese verkörperten Aspekte des Buddha nennt, haben die Ich-Illusion überwunden und leisten tätige Hilfe und sind bereit, das Leid aller Wesen auf sich zu nehmen, um andere zur Erleuchtung zu führen. Sie sind, wie Lama Anagarika Govinda sagt, „nichts anderes als die Kräfte des Lichtes in dir selber“.[18]

Bodhisattvas kommen in friedlichen sowie in rasenden Erscheinungsformen vor, wobei erstere fürstlich gewandet und geschmückt und alle mit fünfzackigen Bodhisattvakronen dargestellt werden. Sie symbolisieren die fünf Skandhas (Gruppen des Anhaftens)[6], die mit der Erreichung der Buddhaschaft in die entsprechenden Qualitäten des Erleuchtungsbewußtseins gewandelt werden. Die persönliche Körperlichkeit *(rūpa)* wird zum potentiellen Allkörper; das egozentrische Fühlen und Empfinden *(vedanā)* wandelt sich in das Mitgefühl, die persönliche Anteilnahme mit allem Lebenden; die Sinneswahrnehmung *(saṃjñā)* verändert sich in die übersinnliche Wahrnehmungs- und Unterscheidungsfunktion der Schauung der Meditation. Aus den psychischen Formkräften der Gestaltung, dem ich-gebundenen, karma-wirkenden Wollen *(saṃskāra)* entwickelt sich das karmafreie Wirken, ein Leben ohne Daseinsdurst, Haften und Begehren; und schließlich wird aus dem beschränkten, ich-gebundenen, individuellen Bewußtsein *(vijñāna)* das kosmische Bewußtsein.[19]

Maitreya (Bildtafeln 24–27)

Wir haben es hier mit einem sehr interessanten Doppelaspekt des Erwachten zu tun. Maitreya oder Dschampa, wie er auf tibetisch heißt, ist der Buddha des kommenden Weltzeitalters, der einmal auf die Erde kommen und mit uns den Weg des Werdens gemeinsam gehen und uns dann den Dharma darlegen wird. Aus seinen beiden Beinamen, „der Liebende“ und „der Allgütige“, ersehen wir, daß er ein Messias ist, der schon jetzt als Bodhisattva im Tuṣita-Himmel weilt und bereits das Leid aller lebenden Wesen auf sich nimmt und uns zur Erleuchtung und zur Erlösung führen will. So verkörpert Maitreya die allumfassende Liebe und ist ein Symbol für die geistige Zukunft und Wiedergeburt der ewigen Wahrheit.

Dschampa wird infolge seiner beiden unterschiedlichen Betrachtungsweisen sehr verschieden dargestellt. Als Buddha des kommenden Weltzeitalters sehen wir ihn gleich seinen Vorgängern mit goldfarbener Haut, blauem gekräuseltem Haar und mit einer Erleuchtungserhöhung darauf, schmucklos und schlicht im Mönchsgewand, wie er die Hände zur Mudrā des Lehrens oder Drehens des Rades der Lehre geformt hat. – Als Bodhisattva wird er dagegen fürstlich gekleidet und geschmückt dargestellt; er ist ja ein Erleuchtungswesen, ein Ausdruck der lichten Kräfte in uns selber. Sein Schmuck besteht aus einer Bodhisattvakrone mit fünf Spitzen, Halsketten sowie Ohr-, Arm- und Fußringen. Dann müssen wir erkennen, daß Maitreya als Bodhisattva mit einer unterschiedlichen Anzahl von Armen und Händen abgebildet wird, und daß letztere zu verschiedenen Mudrās geformt sind. Seine häufigsten sind die der Furchtlosigkeit oder der Schutzgewährung, des Gebens oder Gewährens und des Darlegens der Lehre, des Dharma. Zahlreich sind auch die Attribute, die wir bei Dschampa sehen: ein Gebetskranz *(mālā)* mit hundertacht Perlen, eine Vase *(kalaśa)* mit dem Wasser der Langlebigkeit *(amṛta)*, einem Rad der Lehre *(dharmacakra)*, einer Lotosblüte und verschiedentlich mit einem Tschörten im Haar. Ferner finden wir bei ihm, wie auch bei anderen Bodhisattvas, ein Antilopenfell über seiner linken Schulter. Es drückt aus, daß die Wesenheit bereit ist, allen lebenden Wesen zu helfen, den Kreislauf von Geburt, Tod und Wiedergeburt zu durchbrechen, damit auch sie das Nirvāṇa erreichen. Es verbleibt noch anzufügen, daß Maitreya mit blauen Augen dargestellt wird.

Avalokiteśvara (Bildtafeln 28–34, 36, 48 [49])

Der bekannteste Bodhisattva im tibetischen Buddhismus dürfte diese im Geist entstandene Wesenheit mit dem tibetischen Namen Tschenresi sein, wie auch sein Mantra OṂ MAṆI PADME HŪṂ – auf das gleich noch eingegangen wird – allgemein bekannt ist. Da stellt sich gleich die Frage nach dem Grund hierfür. Avalokiteśvara verkörpert den Aspekt des mitfühlenden Erbarmens und ist der Herr, der [mitleidvoll] herabschaut, der die Schreie der Welt [er]hört. Und wenn wir uns bewußt werden, daß sich früher die Menschen in Indien, wenn sie ihre Zuflucht zur Lehre (dharma) des Erleuchteten nahmen, sich seinem Aspekt der Barmherzigkeit, der ja auch ein Gefühl der Geborgenheit vermittelt, zuwandten, dann wird es uns verständlich. Zugleich ergibt sich hieraus, warum wir seinem Mantra OṂ MAṆI PADME HŪṂ überall begegnen: an Felswänden, auf tausenden und abertausenden von Maṇisteinen oder in den Maṇi-tschö-khors (Gesetzesräder). Doch was bedeutet das Mantra des Avalokiteśvara? Lama Anagarika Govinda interpretiert es sinngemäß, da es nicht übersetzbar ist: „Daß das Juwel *(maṇi)* der göttlichen Wirklichkeit im Lotoskelch *(padma)* unseres eigenen Herzens verwirklicht werden muß“[20], wobei OṂ ein Laut ist, der das Bewußtsein für das Unendliche öffnet, und HŪṂ ein Ausdruck des Selbstopfers darstellt, das die tiefsten Gründe des Daseins umfaßt.[21]* In der Bedeutung des Mantras finden wir zwei Dinge, einmal, wie wir unser Leben einrichten sollen (oder wollen) und zum anderen eine sinngemäße stete Wiederholung der eigenen Zufluchtnahme zum Dharma, die dem Drehen eines Maṇi-tschö-khors gleicht, ein symbolisches Nachvollziehen des Drehens des Rades der Lehre, das Buddha einmal mit seiner ersten Darlegung des Dharma in Gang gesetzt hat.

Avalokiteśvara ist auch der Erlöser der sechs Welten. Deswegen finden wir ihn oft in den Feldern des Rades der Existenzen (Lebensrad), in den sechs Daseinsbereichen, als Buddha mit unterschiedlichen Hautfarben und Attributen abgebildet, wo er den dort weilenden den Dharma verkündet. Er will ihnen so helfen, die Drei Grundübel Gier/Begierde, Haß/Neid und Verblendung/Unwis-

---

* Weitere Auslegungsmöglichkeiten sind in seinem Buch „Grundlagen tibetischer Mystik“[22] zu finden.

senheit zu überwinden, die uns an den Kreislauf des Wiedergeborenwerdens *(saṃsāra)* binden.

Tschenresi kommt in hundertacht verschiedenen Erscheinungsformen vor und wird auf einem Lotosthron, stehend oder sitzend, als Mönch gekleidet oder als Bodhisattva mit seinem entsprechenden Schmuck, dargestellt. Wir sehen ihn friedvoll und im rasenden Aspekt (Mahākāla)[4, 1]. Sowie mit zahlreichen unterschiedlichen Attributen und Mudrās.

Am häufigsten dürfte seine Erscheinungsform mit einem Kopf und vier Armen vorkommen, bei der er zwischen seinen beiden Haupthänden das unsichtbare Juwel *(maṇi)* und in den beiden anderen den Gebetskranz *(mālā)* und eine Lotosblüte *(padma)* hält. – Die Dalai Lamas gelten als Inkarnationen dieser Erscheinungsform, was aber nicht bedeutet, daß letztere Tulkus, das heißt, körperliche Wiedergeburten, dieser Wesenheit sind. Es bedeutet vielmehr, daß die göttliche Idee des Avalokiteśvara in ihnen ihre Verwirklichung gefunden hat.[23]

Eine weitere und sehr symbolträchtige Erscheinungsform des Tschenresi ist seine Emanation mit acht Armen und elf Köpfen. Von letzteren sind je drei in drei Etagen übereinander angeordnet, und die beiden restlichen befinden sich gleich einer Spitze in der Mitte auf den anderen. Die unteren neun Köpfe werden in unterschiedlichen Farben dargestellt und haben ein friedvolles Aussehen, während der zehnte über ihnen ein blaues zornvolles Gesicht besitzt. Der oberste Kopf schaut wiederum friedvoll drein und hat ein rotes (oder goldfarbenes) Gesicht, kurzes blaues gekräuseltes Haar, auf dem wir eine Erleuchtungserhöhung erkennen. Hier stellt sich uns die Frage, was diese Darstellungsform zu bedeuten hat. Über die Entstehung der elf Köpfe berichtet eine Mythe. Sie besagt, daß ein Wesen im Begriff war, ins Parinirvāṇa einzugehen, da hörte es erschütternde Schreie von der Erde, es wandte sich um und blickte zurück, hinunter auf die Erde und sah das Leid auf dieser Welt und unzählige Menschen in ihren Verstrickungen. Tiefes Mitleid erfüllte die Wesenheit, und da sie nicht allen Lebewesen zu helfen vermochte, barst ihr der Kopf vor Schmerz in viele kleine Stücke. Aus ihnen formten sich zehn neue auf ihrem Hals, auf die Amitābha, der geistige Vater des Avalokiteśvara, seinen eigenen zu oberst setzte. – Unter ihm sehen wir den zornvollen Kopf des Māra, des großen Versuchers, oder den von Yama,[4] dem Herren des Totenbereiches, Synonyme für das Saṃsāra, den Kreislauf von Geburt, Tod und Wiedergeburt. Das zornvolle Gesicht mahnt uns, selbst Barmherzigkeit zu üben und aktiv dem Dharma gemäß zu leben, damit wir die Drei Grundübel überwinden und das Nirvāṇa erreichen.

Die drei „Kopfetagen" übereinander versinnbildlichen die drei Sphären oder Welten *(triloka)*, der Sinnenhaftigkeit *(kāmaloka)*, der reinen Form *(rūpaloka)* und des Formlosen *(arūpaloka)*, also ein nach oben hin verfeinertes Bewußtsein. – Die drei Köpfe nebeneinander, die in verschiedene Richtungen sehen, veranschaulichen dagegen das Sehen oder Überblicken der drei Zeiten des Saṃsāra. So schauen die Häupter dieser Erscheinungsform in Vergangenheit, Gegenwart und Zukunft aller drei Welten.[24]

Bevor wir auf die Mudrās, die symbolischen Hand- und Fingerhaltungen dieser achtarmigen Erscheinungsform und auf die in ihren Händen gehaltenen Attribute

eingehen, müssen wir uns bewußt werden, daß alle im Geist entstandenen Wesenheiten Symbolgestalten sowie Vor- und Leitbilder des Buddhisten sind. Wendet sich ein Adept meditativ einem Aspekt des Buddha zu, dann verschmilzt er mit ihm und wird eins mit Buddha.[4] – Wenden wir uns nun der rechten unteren Hand der hier abgebildeten Erscheinungsform des Avalokiteśvara zu, die dem Beschauer ihren Handteller zeigt und zum Geben geöffnet ist. Diese Mudrā veranschaulicht die Tugend der Gebefreudigkeit. Des weiteren wird uns hier bewußt – wir sind ja in der Meditation zum Bodhisattva der Barmherzigkeit geworden –, daß wir damit vom Nehmenden zum Gebenden geworden sind.

Gehen wir jetzt rechtsdrehend weiter, wie man ein Heiligtum umwandelt und ein Maṇḍala in sich aufnimmt, zur darüberliegenden Hand. In ihr sehen wir das Rad der Lehre *(dharmacakra)* das neben dem Symbol für den Dharma auch das Zeichen des Weltenherrschers[44] und der kosmischen Ordnung ist. Den Dharma zu erlernen erfordert Ausdauer, so drückt das Rad ferner Ausdauer und die Tugend der Geduld aus.[4]

Nun kommen wir zu seiner oberen rechten Hand. In ihr erblicken wir einen Gebetskranz *(mālā)*, der am Anfang jeder Meditation als Konzentrations- und später gegebenenfalls als Zählschnur dient. So ist dies Attribut eng mit der Meditation, der Verinnerlichung, verbunden und infolge der Ansammlung von „Maṇi" auch ein Symbol für einen Kranz von guten Taten.[1]

In seiner oberen Linken hält Avalokiteśvara einen vollerblühten Lotos. Die Wurzeln der Pflanze ziehen ihre Nährstoffe aus einem moorigen Untergrund *(saṃsāra)*, aber die Blüte erhebt sich über das trübe Gewässer (Unwissenheit) und öffnet sich in voller Reinheit, unbefleckt von ihrem Ursprung. So ist der Lotos zum Inbegriff für die reine geistige Entfaltung und für die Lehre geworden. Und da sich die Lotosblüte zur Nacht schließt und morgens wieder öffnet, ist sie auch ein Symbol für das sich zum anderen geistig Hinwenden und Öffnen, des sich Aufschließens.[4] In der Hand darunter hält die Wesenheit Bogen *(cāpa)* und Pfeil *(śara)* wie ein Bündel. Sie veranschaulichen, da der Bogen nicht gespannt und der Pfeil nicht aufgelegt ist, gesammelte Energie, Potentialität.[4]

Die linke untere Hand dieser Erscheinungsform ist zur Mudrā des Gebens geformt, und wir erkennen in ihr das Kännchen mit dem Wasser der Todlosigkeit, dem Nektar des unendlichen Lebens *(amṛta)*. Er mahnt uns, das Notwendige zu tun, um einen ethischen Wandel in uns herbeizuführen, damit wir die Gier, den Haß und die Verblendung überwinden und die sechs Vollkommenheiten *(pāramitās)*, die an das andere Ufer führen, lernen auszuüben, damit wir später die Erlösung erlangen.

Schließlich gelangen wir zu dem zentralen Händepaar, das der Bodhisattva vor seinem Herzen zur „Lotosgeste", zur Maṇi-Padma-Mudrā, geformt hat. Diese Haltung der Hände können wir mit „beschützen", „behüten" assoziieren und uns vorstellen, daß sich in ihnen etwas Kostbares befindet: Ein Juwel *(maṇi)* oder der Wunschedelstein *(cintāmaṇi)*, der Stein der Weisen, der alles, was er berührt, in das Gold reiner Menschlichkeit verwandelt. Er ist das Symbol des großen allumfassenden, transzendenten und transzendierenden Mitleids.[25]

Nun haben wir gleichsam die heilige Mitte, das Zentrum, erreicht und können zurückblicken auf den Weg, den wir gegangen sind: Wir haben ihn mit der Mudrā des Gebens, der Gebefreudigkeit, begonnen – sind dann zum Dharma gelangt und haben erkannt, daß wir Geduld und Ausdauer benötigen, um das Ziel zu erreichen – haben durch die Meditation und Schauung Verinnerlichung erfahren – haben uns gleich dem Lotos geöffnet und geistig entfaltet – konnten Kraft und eine Energiekonzentration erlangen – erlebten einen ethischen Wandel, ließen das Wasser der Todlosigkeit in uns geistig entstehen und gelangten schließlich zur transzendenten und transzendierenden Weisheit, die an das andere Ufer führt. Wir sehen, daß wir einen weiten Weg gegangen sind, der uns von der Peripherie des Rades zu seiner Nabe, um die sich alles dreht, geführt hat.

Wir haben uns soeben mit der achtarmigen Erscheinungsform des Tschenresi beschäftigt und wollen uns nun seiner mit tausend Armen zuwenden. Sie hat ebenfalls elf Köpfe und unterscheidet sich von ersterer nur durch die größere Anzahl ihrer Arme. Sie sind wie eine Aura in drei Kreisen um ihr Herz, das als das geistige Zentrum einer jeden Wesenheit gilt,[1] angeordnet. Der innere „Kreis" der tausendarmigen Form wird aus sechs Armen – zwei der acht Arme befinden sich im Zentrum – mit den gleichen Mudrās und Attributen gebildet, wie wir es von der achtarmigen Form kennen. Ihr Kreis oder Bereich symbolisiert den Dharmakāya, den unstofflichen, absoluten Leib, den Körper der großen Ordnung, die Ebene universeller Gesetzmäßigkeit, die transzendente Wirklichkeit. – Der mittlere Kreis mit seinen vierzig Armen und Händen versinnbildlicht den Sambhogakāya, den überirdischen feinstofflichen Körper geistiger Verzückung, die Ebene geistiger Erfahrung oder Schauung. – Und der aus fünf Stufen gebildete äußere Kreis mit seinen neunhundertzweiundfünfzig Armen und Händen veranschaulicht den Nirmāṇakāya, den grobstofflichen Bereich oder den Körper der Verwandlung.[5]

Jetzt verbleibt noch, auf die Augen einzugehen, die wir auf der Stirn und in den Handtellern des Avalokiteśvara sehen. Sie drücken aus, daß wir „sehend" helfen sollen und daß Barmherzigkeit mit dem Verstand gepaart sein muß, da Hilfe ohne Überlegung genausowenig zum Guten führt, wie Verstand ohne Barmherzigkeit.[4]

Schließlich ist noch anzufügen, daß über Avalokiteśvara nicht nur zur Beseitigung der eigenen inneren Hindernisse und zur Erlangung der eigenen Vervollkommnung meditiert und sein Mantra immer wieder rezitiert wird, sondern daß es ebenfalls zur Entwicklung von Erbarmen und für den Frieden in der Welt geschieht.

Tārā (Bildtafeln 35, 37–39)

Dölma, wie dieser weibliche Bodhisattva auf tibetisch heißt, verkörpert den Aspekt der Retterin und Erlöserin, die Personifizierung der mütterlichen Liebe. Da verwundert es nicht, daß sie auch ein beliebter Yi-dam, eine Initiations- und persönliche Schutzwesenheit ist. Ursprünglich gab es von ihr nur zwei Erscheinungsformen, die Weiße und die Grüne Tārā, die beide als die weibliche Seite des Avalokiteśvara zu betrachten und aus zwei Tränen von ihm entstanden sind. Die weiße Erscheinungsform (Ārya-Tārā) verkörpert seinen Weisheitsaspekt, und die grüne (Śyāma-Tārā) sein spontanes karmafreies [helfendes] Tun aus Mitempfinden.[26]

Alle Emanationen der Tārā besitzen das dritte Auge, das Auge der Weisheit, auf der Stirn und ein weiteres in jeder ihrer Handflächen. Das zeigt uns, daß die Wesenheit Sehen, Wissen und Tun miteinander verbindet, und daß sie „sehend" handelt und nichts aus reiner Gefühligkeit unternimmt, damit sich ihre Hilfe zum Wohl und nicht zum Nachteil auswirkt.[4] So mahnt uns Tārā, ein gleiches zu tun, und Lama Anagarika Govinda fügt ergänzend hinzu, daß zur Liebe auch die Weisheit gehört, weil Liebe ohne Wissen ohne Wirkung bleibt.[27]

Neben einer tausendköpfigen Erscheinungsform, die im Gegensatz zu der von Avalokiteśvara auch tausend Beine und Füße besitzt, kommt Tārā – wenn wir ihre weiteren farbigen Emanationen außer acht lassen – auch zorn- und friedvoll sowie mit zwei, vier und acht Armen vor.

Bei der tausendarmigen Form des Avalokiteśvara haben wir erfahren, daß die Anzahl der Arme einer Emanation im Zusammenhang mit der Erlebnisebene oder dem „Körper" *(trikāya)* stehen, dem die betreffende Wesenheit angehört. So sagen uns ihre Arme, ob das betreffende im Geist entstandene Wesen der menschlichen, der idealen oder der universellen Ebene zugehörig ist.[4] Aus dieser Erkenntnis und der gedanklichen Betrachtung der acht Arme des Avalokiteśvara wird uns bewußt, daß die Ikonographie ein Teil „veranschaulichte bildliche Meditation" ist, und daß die jeweils ganz spezifisch dargestellten Kultbilder Meditationshilfen sind, die dem Adepten den Weg der Gedanken zeigen, und wo er verweilen muß. Meditation und Ikonographie gehören also zusammen, letztere ist aus ersterer entstanden. Die zahlreichen Ritualtexte *(sādhanas)* geben uns neben den Anweisungen über die Meditation, und wie eine Visualisierung mit der abschließenden Rückführung zu erfolgen hat, auch exakte Auskünfte über die Ikonographie und deren symbolische Bedeutung. Wir sehen daraus, daß ein Fabulieren über die Ikonographie mit ihrer Symbolik nicht zum Ziele führen kann.

Mañjuśrī (Bildtafeln 40–43, 48 [49])

Ein weiterer wichtiger Bodhisattva ist Mañjuśrī (tib.: Dschampal), der den Aspekt der transzendenten Erkenntnis und aktiver Weisheit des intuitiven Wissens verkörpert und den Beinamen „der Glorreiche Sanfte" oder „der mit der sanften Stimme" (Mañjughoṣa) besitzt. Die Lehrrichtung der Gelugpa, „die

Tugendhaften“ oder die „Gelbe Kirche“, führt ihren geistigen Ursprung auf diesen Bodhisattva zurück und verehrt Mañjuśrī auch als himmlischen Guru von der Lehre der absoluten Wahrheit (während in diesem Orden Maitreya auch als Guru der relativen Wahrheit angesehen wird).[45]

Dschampal trägt eine fünfzackige Bodhisattvakrone. Ihre fünf Spitzen symbolisieren die fünf Erleuchtungsweisheiten des Buddha: Die reflexive- oder spiegelgleiche Weisheit – die synthetische- oder wesensgleiche Weisheit – die analytische oder unterscheidende Weisheit – die alles vollendende Weisheit und die allumfassende transzendente Weisheit.

Mañjuśrī kommt mit seinen Erscheinungsformen auf den drei Ebenen des Erlebens *(Trikāya)* – als Körper der Verwandlung, als Körper der „Beseligung“ und als „Gesetzeskörper“ – sowie in allen fünf Buddha-Kulas (Familien) vor. Am häufigsten wird diese Wesenheit dargestellt, wie sie mit ihrem flammenden Schwert *(khaḍga)* der unterscheidenden Erkenntnis die Knoten der Unwissenheit und Vorurteile zerschneidet[41] und in der linken Hand eine Lotospflanze hält, auf deren Blüte wir das Buch der transzendenten Weisheit Prajñāpāramitā erkennen – oder die beiden Attribute ruhen auf zwei Lotosblüten, deren Stengel Mañjuśrī in seinen beiden Händen hält.

Wir wollen hier einen Augenblick verweilen und uns dem Buch Prajñāpāramitā zuwenden. Der Name besteht aus zwei Teilen. Prajñā ist die unmittelbar und intuitiv erkannte Weisheit und das Wissen um das Wahre-Wesen der Welt, und daß sie von Natur aus leer ist, was nicht besagt, daß dort nichts ist, sondern, daß alle Dinge von Natur aus leer, also ohne Bestand, sind *(śūnyatā)*.[4] – Den zweiten Teil des Wortes haben wir schon kennengelernt, als wir uns mit der achtarmigen Erscheinungsform des Avalokiteśvara beschäftigt haben. Die Pāramitās sind das, was an das andere Ufer führt und was uns hilft, die Schwierigkeiten (Fluß) in uns selber zu überwinden, damit wir die Erlösung erlangen. Es sind dies die Tugenden des Gebens *(dāna)* – des ethischen Wandels *(śīla)* – Geduld und Ausdauer des Bemühens, auf dem Pfade fortzuschreiten und das Notwendige zu tun *(kśānti)* – der Energiekonzentration *(vīrya)* – der Verinnerlichung und Schauung *(dhyāna)* sowie die transzendente und transzendierende Weisheit *(prajñāpāramitā)*.[28]

Vajrapāṇi (Bildtafeln 44–48 [49])

Diese Wesenheit – oder richtiger, was wir bildlich von ihr sehen – war einst ein gedachtes Bild des vedischen Himmelskönigs Indra, des Herrn des Firmaments, der unter anderem den segenspendenden Regen sowie Blitz und Donner auf die Erde sandte. Sein Attribut, der „Donnerkeil", wurde im Buddhismus zum Zepter höchster geistiger Klarheit, dem Vajra, der die Wolken der Unwissenheit zerschneidet. Wir müssen uns hier bewußt sein, daß nur die äußere Gestalt des Indra mit seinem Emblem als Verkörperung eines Aspektes des Buddha in den Buddhismus integriert wurden. So ist Vajrapāṇi weder ein „Regengott", noch sein bekanntes Attribut, der Vajra, ein „Donnerkeil", wie wir es bedauerlicherweise vielfach in der buddhistischen Literatur finden.

Der Bodhisattva Vajrapāṇi, oder Tschangna Dordsche, wie er auf tibetisch heißt (Halter des Diamantzepters), verkörpert den Kraftaspekt der Erleuchtung, und ist die zornvolle Form des Ur- oder Ādi-Buddha Vajradhara,[4] weswegen wir ihn meist in seiner rasenden Erscheinungsform abgebildet finden. Vajrapāṇi ist auch der Herr und Hüter der Geheimnisse und tiefster Mysterien, der Kämpfer gegen die Macht der Verblendung und Dummheit.[4] Deshalb ist er auch ein Feind der Schlangen, die die unkontrollierten Kräfte des Unterbewußten darstellen. So spürt er ihnen nach, frißt sie – was wir gut an der Abbildung seiner Erscheinungsform als Garuḍa sehen –, assimiliert und wandelt sie in die Kräfte des Lichtes.[4] Hier ist noch anzufügen, daß Vajrapāṇi zur Vajra-Familie gehört, deren Oberhaupt Akṣobhya ist, sowie ein Yi-dam der höchsten Stufe (Mahāyoga-Tantra).

Tschangna Dordsche kommt in zahlreichen Emanationen vor. Am häufigsten sehen wir ihn in seiner zornvollen dunkelblauen Erscheinungsform mit einem dritten Auge auf der Stirn, und wie er den Vajra in seiner Rechten hält. In anderen Darstellungen finden wir ihn aber auch mit weißer oder roter Hautfarbe sowie mit einem oder mehreren Köpfen und Armen. Seine weiteren Attribute sind: Schlinge *(pāśa)*, Glocke *(ghaṇṭa)* und andere.

Vajrapāṇi gilt aber auch, wie die beiden zuvor behandelten Bodhisattvas Avalokiteśvara und Mañjuśrī, als Reliquienbehälter. Sie stehen (in der genannten Reihenfolge) für Kraft/Körper – Mitleid/Rede und Weisheit/Geist. Sie sind heilige Kräfte, die vor allen sakralen Handlungen gereinigt werden müssen, der Inbegriff für richtiges Handeln, Sprechen und Denken. Nach Roger Goepper veranschaulicht die Triade „die Realität der Leerheit, die nach buddhistischer Auffassung die absolute Potentialität alles Seins ist ... Körper, Rede und Geist sind die drei Geheimnisse, tri-guhya, in denen sich das Wirken des Buddha in dieser Welt manifestiert und die auch jeden Menschen befähigen, sich mit dem Buddha und damit der Erlösung ins Absolute hinein zu identifizieren."[29] Lama Anagarika Govinda sieht die Triade noch aus einer anderen Sicht. Er sagt, daß sich die Kraft der esoterischen Erkenntnis (Vajrapāṇi) und die Weisheit (Mañjuśrī) mit der barmherzigen Hilfe (Avalokiteśvara) die Waage halten muß. So ist „das seelische Gleichgewicht die Voraussetzung aller Erleuchtung. Weder die reine Erkenntnis noch die reine Güte führen zur Erlösung. Erkenntnis ohne Güte führt zur Erstarrung, Güte ohne Erkenntnis zur Auflösung. Nur wo Herz und Hirn vereint sind, kann wahre Befreiung erlangt werden.“[30]

Die drei Bodhisattvas werden nicht nur gemeinsam figürlich dargestellt, sondern erfahren auch durch drei nebeneinander stehende Tschörten in Blau (Vajrapāṇi), Weiß (Avalokiteśvara) und Gelb (Mañjuśrī) ihre Versinnbildlichung. Da diese Farben den Handwerkern oft nicht zur Verfügung stehen, finden wir die Bauwerke, wenn sie nicht gar ganz unbemalt geblieben sind, mitunter auch Grau (anstelle von Blau), Weiß – und Rostrot (für Gelb) getüncht.

Es gibt noch eine weitere Möglichkeit, die Aspekte des Buddha zu veranschaulichen. Denken wir an die Maṇḍalas, die Darstellungen kosmischer Kräfte und Konstellationen sind und der Meditation dienen. In den Maṇḍalas finden wir die Wesenheiten, die wir auf Thangkas oder Wandbildern in den Tempeln sehen, meist körperlich abgebildet. Dagegen wird die Präsenz der Aspekte des Buddha in denen, die aus farbigem Sand gestreut und zu Ritualen erforderlich sind, durch Symbolzeichen und Bījas (Keimsilben) ausgedrückt. Das mag zunächst unwesentlich erscheinen. Doch wenn wir daran denken, daß sich der Erhabene oder Erleuchtete auf drei Ebenen in drei Körpern manifestiert – was schon früher kurz erwähnt wurde –, dann wird uns bewußt, daß sich hier ein Wandel vom Materiellen, von der körperlich dargestellten Wesenheit, zum Spirituellen, zum Bīja, einem esoterischen Klangsymbol, vollzogen hat.

Vajrasattva (Bildtafeln 50–51)

Im tibetischen Buddhismus wird diese Wesenheit im wesentlichen als „reinigender Bodhisattva“ betrachtet, wohingegen er andernorts vielfach auch als Ur- oder Ādi-Buddha angesehen wird. Sein Name besagt, daß er die Essenz bzw. das Wesen des Vajra sei; das heißt, daß er den männlichen Aspekt der vollkommenen Wahrheit *(prajñāpāramitā)* darstellt. Sie ist identisch mit der Erfahrung der Leerheit *(śūnyatā)*, die zugleich die allbeinhaltende Potentialität *(tathatā)*, das Absolute, das Wahre-Wesen aller Dinge ist.[9]

Vajrasattva kommt in allen fünf Buddha-Kulas (Familien)[6] und dementsprechend auch in allen ihren Farben vor. Meist sehen wir ihn in weißer friedvoller Erscheinungsform in Meditationshaltung auf einem Lotosthron und angetan mit reichem Bodhisattvaschmuck. In seiner Rechten hält er den Vajra, das Zepter der diamantklaren Wahrheit und absoluten Reinheit, das Zeichen höchster geistiger Macht, die unzerstörbar ist, vor sein geistiges Zentrum, die Mitte seiner Brust. In seiner Linken sehen wir dagegen die Ghaṇṭā (Glocke), ein Symbol für die alles durchdringende Weisheit[1] und die Stimme des Buddha[6], die Vajrasattva mit der Öffnung nach oben als Zeichen seines Mitgefühls an die Hüfte hält.

Die reinigende Wirkung dieses Bodhisattvas, der ja der reinigende Aspekt des Buddha ist, tritt dadurch ein, daß der Meditierende die körperliche Erscheinung des Vajrasattva während des Rezitierens seines hundertsilbigen Mantras (nach innen gesprochene heilige Silben) drei Mal vor seinem inneren Auge entstehen läßt – (und das Bild anschließend immer wieder zurückführt, auflöst).[31]

Hierzu sagt Lama Sherab Gyaltsen Amipa, daß zur Durchführung der Reinigung der Segen und die Ermächtigung eines Guru notwendig ist sowie die eigene richtige Einstellung, da sonst die Läuterung nicht eintreten kann. Um die rechten Ergebnisse aus dieser Meditation zu erzielen, muß der Geist vier Kräften zugewandt sein: einmal der des Reliquienbehälters [Vajrasattva] und des Vertrauens in ihn – dann der Reue über alle eigenen schlechten Handlungen von Körper, Rede und Geist – ferner der des Entschlusses, fortan niemals wieder untugendhafte Handlungen von Körper, Rede und Geist zuzulassen, und letztens der Kraft der Erneuerung und die der Überzeugung von der Wirksamkeit der Reinigung.

Am Anfang der inneren Schauung steht, wie zu Beginn jeder religiösen Handlung, das dreimalige Sprechen der Formel der Zufluchtnahme. Dann visualisiert man auf seinem eigenen Kopf den fürstlich gekleideten und geschmückten Vajrasattva, der im Lotossitz oder in Diamanthaltung auf einem Lotosthron sitzt. Bei der ersten Reinigung folgt dann ein vielfarbiger Nektar, der von ihm herab in einen selbst hereinfließt. Er reinigt uns von leichten und schweren [geistigen] Krankheiten, wobei sie durch die beiden unteren Öffnungen als Kot und Urin sowie durch die Fußsohlen als Blut, Eiter und übelriechende Flüssigkeiten ausgeschieden werden. Nach Beendigung dieser Reinigung wird das im Geist gesehene Bild nach den Sādhanas zurückgeführt und aufgelöst.

Bei der zweiten Reinigung wird nach erneuter Visualisierung des Vajrasattva ein kupferfarbener Nektar gesehen, in dem sich viele kleine Hayagrīvas und Vajrapāṇis befinden. Während die Flüssigkeit in unseren Körper hereinströmt, verschwinden alle bösen Geister, Dämonen und Hindernisse durch die Öffnungen und Fußsohlen als Schlangen, Skorpione, Spinnen und andere kleine unangenehme Kreaturen.

Nach abermaliger Rückführung und Auflösung des geschauten Bildes wird Vajrasattva zum drittenmal visualisiert. Nun fließt ein weißer Nektar von ihm auf uns herab und erfüllt unseren ganzen Körper, quillt dann wieder in der Gegend des Scheitels aus uns heraus, rinnt an unserem Kopf und Körper herab und bedeckt ihn schließlich ganz. Man fühlt dabei, daß alle Kleśas und schlechten Handlungen den eigenen Körper durch die Öffnungen und Fußsohlen als dunkle rauchfarbene Flüssigkeit verlassen. Worauf die Schauung wiederum zurückgeführt wird und Vajrasattva sich in Licht auflöst, das oben durch den eigenen Kopf in den Körper absorbiert wird, der nun einem Regenbogen gleicht.

Für die während dieser Meditation gesprochenen Gebete mag das folgende stehen: „Ich habe getäuscht durch Unwissenheit, die Gelübde gebrochen und mißbraucht. Guru und Beschützer, sei meine Zuflucht. An den höchsten Vajradhara, der die wahre Natur des großen Mitgefühls besitzt und das Haupt aller Lebewesen ist, wende ich mich und nehme Zuflucht. Ich bekenne alle Überschreitungen der Wurzelgelübde und der sich daraus ableitenden Gelübde für Körper, Rede und Geist. Ich bitte, reinige und läutere alle Anhäufungen von Verunreinigungen, Verdunkelungen, Fehler, Versagen und Unlauterkeiten.“[31]

Es verbleibt noch anzufügen, daß das Mantra des Vajrasattva bei diesem Reinigungsritual mindestens einhunderttausendmal rezitiert wird und sich gleichmäßig auf alle drei Reinigungen erstreckt,[31] wobei der Gebetskranz als „Zählschnur“ dient.

Dharmapālas

Diese im Geist entstandenen Wesen haben für die Unwissenden und Feinde des Dharma ein schreckeinflößendes, grauenhaftes Aussehen, weswegen sie meist als „Wächter der Lehre" bezeichnet werden. Für die Eingeweihten stellen sie dagegen – wie die bereits behandelten Aspekte des Buddha – die Kräfte des Lichtes und der Erlösung dar, die uns antreiben, in unseren Bemühungen nicht nachzulassen, und daher als „Beschützer der Lehre" anzusehen sind.[32] – Sie sind aber auch eine „Schutzposition" gegen das Böse, Unheilsame in uns selber.

Zwei Embleme sind besonders häufig in den Händen dieser rasenden Aspekte des Buddha zu sehen. Es sind das das Opfermesser *(kartṛkā)* und die Schädelschale *(kapāla)*. Sie stehen für das Zepter der diamantklaren Wahrheit, den Vajra, sowie für die Glocke *(ghaṇṭā)*, die ein Symbol für die Weisheit ist.[1]

Mahākāla (Bildtafeln 58–63)

Wir haben es hier wieder mit einer Wesenheit zu tun, deren gedachte Darstellungsform aus dem Hinduismus entlehnt worden ist und dort Śiva den Weltzerstörer oder besser gesagt, die kosmisch auflösende Kraft, personifizierte.

Mahākāla, „der große Schwarze" oder Gönpo, wie er auf tibetisch heißt, was „Schützer" bedeutet, kommt in fünfundsiebzig Varianten vor. Er ist die bhairava (rasende) Form des Avalokiteśvara.[4, 1] Beim Studium dessen achtarmiger Emanation wurde uns bewußt, daß jede seiner Hand- und Fingerhaltungen eine symbolische Bedeutung besitzt und daß seine untere rechte Hand zur Mudrā des Gebens geformt ist. Sie veranschaulicht die erste der sechs Pāramitās, die an das andere Ufer führen, die Vollkommenheit der Gebefreudigkeit. Ferner haben wir bei der Betrachtung des zentralen Händepaares der gleichen Erscheinungsform des Avalokiteśvara erfahren, daß der Besitz des großen allumfassenden, transzendenten und transzendierenden Mitleids [mit allem was lebt] mit die Voraussetzung ist, das Nirvāṇa zu erreichen. – Nun sehen wir bei zahlreichen seiner zornvollen Emanationen als Mahākāla, daß er zwischen seinen beiden oberen Händen eine frisch abgezogene und noch blutige Elefantenhaut ausgespannt hält, oder sie auf seinen Schultern ruhend auf dem Rücken trägt. Sie ist – wie Lama Anagarika Govinda sagt – „ein Symbol für die Unwissenheit, in die wir eingehüllt sind und die uns davon abhält, das zu sehen, was sich um uns herum abspielt.“[33] Sie ist die dicke Haut, die wir uns umlegen, damit wir die Not um uns in unserer Ichbezogenheit nicht sehen und kein Mitempfinden und Mitleid fühlen können oder gar wollen. So zeigt uns Avalokiteśvara durch einen Teil seiner zornvollen Verkörperungen als Mahākāla den wohl größten unserer Fehler, unseren „Ich-Wahn“, und mahnt uns, uns von unserem fiktiven Ich zu trennen, es zu überwinden, und das transzendente Mitempfinden und Mit-leiden *(mahākarūṇā)* zu erwerben.

Der weiße Cintāmaṇi-Mahākāla, der zum Buddha-Kula (*kula* = Familie) gehört, hält in seiner rechten oberen Hand ein Juwel vor sein Herz. Es ist der Wunschedelstein *(cintāmaṇi)*, der alle Wünsche erfüllt. – Bevor wir hier in unserem Gedankengang fortfahren, müssen wir uns von unseren abendländischen Denkformen lösen, die vorwiegend auf materiellen Erwerb und Besitz gerichtet sind – und uns auf die tibetisch-buddhistische Geisteswelt einstellen. In ihr ist alles darauf ausgerichtet, alle lebenden Wesen zur Erleuchtung zu führen, worauf eingangs bereits hingewiesen wurde. Das Ziel können wir nur erreichen, wenn wir uns Buddha in seinen zahlreichen Aspekten zuwenden, so auch dem Cintāmaṇi-Mahākāla, der das Juwel, das alle Wünsche erfüllt, in seinen Händen hält. In Gebeten vermögen wir unsere Wünsche zu formulieren. Jedoch sollten wir vorher daran denken, daß sich bei materiellen oder egoistischen Wünschen das Juwel versagen kann. Bei einer Bitte um Erleuchtung wird uns der Wunschedelstein bewußt werden lassen, was zu tun ist, daß wir das Ziel erreichen. Er wird uns Ausdauer verleihen, um auf dem Weg des Dharma fortzuschreiten, und er wird uns unter anderem erkennen lassen, daß wir das große Mitgefühl mit anderen Lebewesen erlangen müssen. So trägt der Cintāmaṇi-Mahākāla auf seine Art dazu bei, die lebenden Wesen zur Erleuchtung zu führen.

Ein weiterer Aspekt des Buddha, der bei unreformierten Lehrrichtungen, wie den Nyinmapa (der „Schule der Alten“), den Sakyapa und den Digunkpa, eine wichtige Rolle spielt, ist der Bing-Mahākāla. Er hält sein Emblem, einen großen Vierkantstab, in Händen (oder in seiner rechten Armbeuge), an dessen beiden Enden oft ein Juwel oder ein Vajra zu finden ist. Mit diesem Stab wird die Mönchsgemeinschaft im Kloster vor dem Tempel zum Beichtritual (tib.: *so-dschong*), zur Bereinigung aller Verstöße gegen die Mönchsregeln *(vinaya)*, versammelt. Dies geschieht durch einen Mönch, der den Stab auf seiner Schulter trägt, und mit einem kleinen gegen den größeren schlägt (zu allen anderen rituellen Handlungen wird mit einem Gong gerufen). Die Beicht- und Reinigungshandlungen aller Lehrrichtungen sind Rituale des Sūtra, der Lehrtexte, und finden wie zu Lebzeiten des Buddha alle vierzehn Tage statt. Hierbei stellt der Abt oder ein höhergestellter Lama gemäß dem Ritual Fragen, und die Mönchsgemeinschaft antwortet im Chor.[1] – Doch was hat Mahākāla mit dem Reinigungsritual zu tun? Eingangs des Kapitels wurde gesagt, daß die Dharmapāla „Beschützer der Lehre“ sowie eine „Schutzposition“ gegen das Böse, Unheilsame in uns selber sind. Da ist es folgerichtig, daß Mahākāla, „der größte aller Dharmabeschützer“ – diese Bezeichnung ist unter einer seiner Darstellungen zu finden – auch mit diesem Ritualgerät abgebildet wird und uns mahnt, dem Dharma gemäß zu leben, denn ohne ein regelmäßiges Erkennen und Bereinigen der eigenen Schwächen und Fehler ist eine Weitervervollkommnung und damit auch das Erlangen der Erleuchtung nicht möglich.

Im Buddhismus wird das Herz eines Lebewesens auch als das Zentrum aller seiner geistigen Kräfte, der positiven wie auch der negativen, angesehen.[1] – Der Maning-Mahākāla wird, gleich dem Dharmapāla Begtse, dargestellt, wie er das herausgerissene Herz eines Feindes der Lehre zum Munde führt, um es aufzuessen. Es wird hier veranschaulicht, daß die betreffende Wesenheit die Drei Grundübel oder geistigen Gifte: Gier, Haß und Unwissenheit oder Wahn in uns selber – denn wir sind ja in unserer Unwissenheit Feinde des Dharma – neutralisiert und in positive Kräfte wandelt.[1]

Es gibt noch zahlreiche weitere Emanationen des Mahākāla, die jeweils einen anderen Aspekt des Buddha darstellen und unterschiedlichen Kulas angehören. Zu ihnen gehört, um noch zwei mit ihren Bedeutungen zu nennen, der Schützer und Behüter der Wissenschaften (Caturbhuja-Mahākāla) sowie der Beschützer des Zeltes (Pañjara-Mahākāla).

Yama (Bildtafeln 70–71, 78)

Über die Entstehung des „Totengottes“ gibt es eine volkstümliche Legende: Ein Einsiedler, der der Vervollkommnung nahe war, lebte unzählige Jahre in einer abgelegenen Höhle. Eines Tages, als er dort in tiefer Meditation saß, drangen Räuber mit einem gestohlenen Stier in sie ein. Sie schlachteten das Tier, machten Feuer, und beim Schein der Flammen wurden sie gewahr, daß sie einen Zeugen für ihr sündhaftes Tun hatten. Kurzerhand schlugen sie ihm ebenfalls den Kopf ab, woraufhin der Yogin ihn sich wieder aufsetzen wollte. Er vergriff sich –

und setzte sich den Kopf des Stieres auf seinen Hals. Damit verwandelte er sich in den Herrn der Toten, in Yama oder tibetisch Schindsche. Dieser tötete zunächst die Räuber und zog dann mordend durch das Land, das er zu entvölkern drohte. Da griff Mañjuśrī, der Bodhisattva der Weisheit, ein und besiegte Yama in seiner rasenden Emanation als Vajrabhairava, einer Form des Yamāntaka.

Schindsche, ein Sinnbild der Unwissenheit, wird fast immer zornvoll mit einem Stierkopf und meist mit seiner Zwillingsschwester Yamī auf einem Stier – ein Burmese würde sagen auf einem Büffel – stehend abgebildet, der mit einer unter ihm liegenden Frau neues Leben zeugt. Eine eindrucksvolle Veranschaulichung des Kreislaufs von Geburt, Tod und Wiedergeburt, dem Saṃsāra.[4] – In einer weiteren ebenfalls zornvollen Erscheinungsform sehen wir Yama als Totenrichter.

Ungewöhnlich dürfte dagegen die friedvolle, blumenbekränzte, ja lieblich wirkende Darstellung von Yama und Yamī sein. Bei ihr erinnert nur eine schmale Flammenaura, die das Paar umgibt, an ihren eigentlichen zornvollen Aspekt. Was mag der Sinn dieser Form ihrer Abbildung sein? Erinnern wir uns daran, daß uns bei der meditativen Betrachtung des Amitāyus bewußt wurde, daß wir durch richtiges Denken, Reden und Handeln alle Kleśas (Verunreinigungen) unseres Karma neutralisieren und die Drei Grundübel: Gier, Haß und Wahn, den „Ich-Wahn", überwinden sowie das Wasser der Todlosigkeit in uns entstehen lassen können. Damit steht uns ein „unendliches, unbegrenztes Leben" (Amitāyus) offen, und wir erkennen, daß der Tod im Grunde eine Illusion ist[42], was diese Darstellung eindrucksvoll veranschaulicht.

Yamāntaka (Bildtafel 76)

Zum Abschluß dieses Zyklus der gedachten Aspekte des Erleuchteten in diesem Buch, wenden wir uns dem Besieger des Yama und damit des Todes zu. Yamāntaka, der bei der reformierten Lehrrichtung, den Gelugpas, sehr verehrt wird, ist die rasende Emanation des Bodhisattvas der transzendenten Erkenntnis und aktiver Weisheit, des Mañjuśrī. – Eingangs wurde schon gesagt, daß der tibetische Buddhismus auf die Erlösung aller lebenden Wesen ausgerichtet ist, und wir die Drei Grundübel oder Gifte: Gier, Haß und Verblendung oder Wahn (Ich-Wahn) überwinden und das transzendente große Mitempfinden und Mit-leiden *(mahākarūṇā)* mit allen lebenden Wesen erlangen müssen. Ohne das vermögen wir nicht, das Wasser der Langlebig- oder Todlosigkeit *(amṛta)* in unserem geistigen Leib entstehen zu lassen, das andere Ufer zu erreichen und die Erlösung zu erlangen, wozu uns Amitāyus ständig mahnt. Der Dharma zeigt uns mit dem Achtfachen Pfad der Tugend und Selbstzucht den Weg, der zum Ziel führt. Nur liegen viele Hindernisse auf ihm, die überwunden werden müssen, wie zum Beispiel die eigene Trägheit, Ablenkungen und insbesondere die Versuchungen. Hier hilft uns, neben dem reinigenden Bodhisattva Vajrasattva und den fünfunddreißig reinigenden Buddhas, Yamāntaka, der ja ein Dharmapāla ist, und uns in unseren Bemühungen unterstützt, die Schwierigkeiten in uns selbst zu überwinden, indem er uns antreibt, nicht nachzulassen, den Weg der Lehre zu gehen.

Yamāntaka wird, wie sein Widersacher Yama, mit einem Stierkopf und in unterschiedlichen Erscheinungsformen dargestellt, wobei seine Emanation als Vajrabhairava – mit neun Köpfen, die alle ein drittes Auge auf der Stirn besitzen, vierunddreißig Armen und sechzehn Beinen – die schreckeinflößenste ist. Hierbei sind sieben seiner neun Köpfe nebeneinander angeordnet und haben, insbesondere der Stierkopf in der Mitte, ein äußerst schreckerregendes Aussehen. Auf letzterem sitzt wiederum ein zornvoller Kopf, über dem wir schließlich das friedvolle Antlitz des Mañjuśrī, dem geistigen Vater dieser Wesenheit, erkennen können.

Betrachten wir Yamāntaka, dann fragen wir uns nach dem Grund für seine schreckeinflößende Darstellung. Er ist „der Überwinder des Todes, und da der Tod als etwas Furchterregendes empfunden wird, muß“ – wie Lama Anagarika Govinda sagt – „Yamāntaka noch furchterregender sein, um ihn zu überwinden. Aber über allem Furchtbaren erblickt man das gütige, wohlwollende Haupt Mañjuśrīs. So ist diese Gestalt Ausdruck einer sehr schönen und sehr tiefen Symbolik, denn sie ist in der Tat ein Abbild der gesamten menschlichen Psyche in all ihren verschiedenen Formen, dargestellt durch die vielen Gesichter, die sich zwischen dem Tierkopf und dem Haupt Mañjuśrīs befinden ... Und alle weisen auf die verschiedenen Bewußtseinsdimensionen hin.“[34] – Doch warum muß Mañjuśrī, der Bodhisattva der Weisheit, den Tod besiegen? Yama ist eine Veranschaulichung der Unwissenheit, der Inbegriff für den Saṃsāra, ein Symbol für den Kreislauf von Geburt, Tod und Wiedergeburt, für die Scheinwelt, in der wir leben. Mañjuśrī dagegen, gleichsam der Antipode, ist die Verkörperung der transzendenten Erkenntnis und Weisheit, ein Erleuchtungswesen, das uns aus diesem Kreislauf herausführen will. Deswegen muß er den Herrn des Totenbereiches bekämpfen, was Mañjuśrī in seiner zornvollen oder rasenden Erscheinungsform als Yamāntaka tut. – Nun verbleibt noch die Frage nach der symbolischen Bedeutung seiner neun Köpfe, die wir bei ihm als Vajrabhabhairava sehen. Sie können wir als die der neunfachen Aufteilung der heiligen Schriften ansehen, mit deren Hilfe wir Gier, Haß und die Ichheit überwinden und freiwerden von „mein, mir und Ich“ und dem Saṃsāra entrinnen können.

Yamāntaka ist nicht nur der Besieger des Todes (Yama), der in einem Blutrausch die Erde zu entvölkern drohte, sondern Yamāntaka gilt auch als Befreier von aller Pestilenz und allem Bösen. Deswegen finden in regelmäßigen Abständen in den Klöstern der Gelugpas, „der Tugendhaften“, zur Beseitigung aller Fehler und Verstöße, die gegen das Gelübde und die tantrischen Übungen begangen worden sind, Yamāntaka-Rituale statt.[6]

Betrachten wir abschließend die Wesenheit noch aus einem weiteren Blickwinkel und lassen noch einmal Lama Anagarika Govinda sprechen. Er sagt, daß Yamāntaka von einem höheren Gesichtspunkt aus die Doppelnatur des Menschen darstellt, „der seine physische Natur, seine Triebe, Instinkte und Leidenschaften mit den Tieren teilt, während seine geistige Natur an den göttlichen Kräften des Universums teilhat. Als physisches Wesen ist er sterblich, als geistiges aber unsterblich… Yamāntaka vereint in sich das Tier, den Dämon und den Gott, die Zugkraft des Lebens in ihren Aspekten der Schöpfung und der Zerstörung und der Fähigkeit des Erkennens, die durch Leiden zur befreienden Weisheit reift.“[35] – Dann führt Govinda weiter aus: „Der Gott des Todes (Skt.: Yama) ist in seiner schrecklichen Erscheinungsform als stierköpfige Gottheit dargestellt. In Wirklichkeit aber ist er niemend anderer als der barmherzige Avalokiteśvara, der in seiner Rolle als Totenrichter («Gewissen») dem irrenden Menschen den Spiegel der Wahrheit entgegenhält, um ihn, nachdem er durch die Leiden des Purgatoriums geläutert worden ist, auf den Weg der Befreiung zu führen. Mañjuśrī jedoch verkörpert das transzendente Wissen, daß der Tod im Grunde Illusion ist und daß diejenigen, die sich mit der höchsten Wirklichkeit identifizieren – der «Leere» *(śūnyatā)*, die alle Fülle des inneren Zentrums wie des Universums umfaßt – den Tod überwinden und befreit werden von den Fesseln des Saṃsāra, der Wiedergeburten in den sechs Bereichen der Täuschung und Verblendung.“[36]

Bildteil

Verzeichnis der Bildtafeln

27 Bodhisattva Maitreya, sitzend, Großplastik (Ba)

28 Buddha Avalokiteśvara (Al)

29 Bodhisattva Avalokiteśvara, Bronze (Ch)

30 Bodhisattva Ṣaḍakṣarī-Lokeś- oder Avalokiteśvara (Ph)

31 Bodhisattva Ekādaśamukha-Avalokiteśvara (La)

32, 33 Bodhisattva Avalokiteśvara (Sumtsek Kloster Alchi)

34 Bodhisattva Sahasrabhuja-Avalokiteśvara (Sp)

35 Bodhisattva Uṣṇīṣasitātapatrā, eine Form der Tārā (Sa)

36 Der elfköpfige und zweiundzwanzigarmige Bodhisattva Avalokiteśvara (Al)

37 Die Grüne Tārā als Retterin (Al)

38 Bodhisattva Śyāma- (oder Grüne) Tārā (Ch)

39 Bodhisattva Ārya- (Weiße) oder Sita-Tārā (Sp)

40 Bodhisattva Sita-Mañjuśrī (Sp)

41 Bodhisattva Arapacana-Mañjuśrī (Li)

42 Bodhisattva Nāmasaṅgīti-Mañjuśrī (Al)

43 Bodhisattva Dharmadhātu-Vagīśvara-Mañjuśrī (Al)

44 Bodhisattva Vajrapāṇi (zornvoll) (Ch)

45 Bodhisattva Vajrapāṇi (friedvoll) (Ch)

46 Der rote Bodisattva Vajrapāṇi (Al)

47 Bodhisattva Vajrapāṇi als Garuḍa (Ch)

48, 49 Die drei Bodhisattvas Vajrapāṇi, Avalokiteśvara und Mañjuśrī körperlich (Ti) und symbolisch dargestellt

50 Bodhisattva Vajrasattva, Kleinskulptur (Al)

51 Bodhisattva Vajrasattva, neues Wandbild (Ch)

52 Sahaja-Cakrasaṃvara (Al)

53 Cakrasaṃvara (Li)

54 Kālacakra (friedvoll) (Ph)

55 Kālacakra (zornvoll) (He)

56 Dharmapāla Kubera (Li)

57 Vasudhārā (Ph)

58 Dharmapāla Ṣaḍbhuja-Mahākāla (Ti)

59 Ein vierarmiger (grüner) Mahākāla in Yab-yum (Ph)
60 Dharmapāla Cintāmaṇi-Mahākāla (Sp)
61 Der löwenköpfige Mahākāla (Ph)
62 Dharmapāla Bing-Mahākāla (Tr)
63 Dharmapāla Maning-Mahākāla (Tr)
64 Dharmapāla Śrīdevī, zweiarmig (Li)
65 Dharmapāla Śrīdevī, sechsarmig (Tr)
66 Dharmapāla Hayagrīva (He)
67 Dharmapāla Begtse (Sp)
68 Ein Dharmapāla der über einen Blutsee reitet (Li)
69 Rad der Existenzen (Ti)
70 Dharmapāla Yama als Totenrichter (La)
71 Dharmapāla Yama (zornvoll) (Sa)
72 Luftbestattung (Tr)
73 Citipati (Tr)
74 Karma-Heruka (Tr)
75 Vajrakīla (Tr)
76 Vajrabhairava, eine Erscheinungsform des Yamāntaka (Sa)
77 Amitāyus (Li)
78 Yama (und Yamī) in friedvoller Erscheinungsform (Tr)

Die Bilder stammen aus den folgenden ladakischen Klöstern und Orten

Kloster Alchi	(Al)
Burg Basgo	(Ba)
Kloster Chemre	(Ch)
Kloster Hemis	(He)
Kloster Lamayuru	(La)
Kloster Likir	(Li)
Kloster Phiyang	(Ph)
Kloster Sankar	(Sa)
Shey	(Sh)
Kloster Spituk	(Sp)
Kloster Stakna	(St)
Kloster Tikze	(Ti)
Kloster Trakthok	(Tr)

1

2

3

4

6

8

ཀུན་བཟང་ཡབ་ཡུམ།

10

11

14

16

20

21

26

30

32

34

36

42

44

48

50

54

58

ལེགས་ལྡན་ཆེན་པོ་ཚོགས་ཀྱི་བདག།

71

72

Hinweise zu den Bildern

1 Zwei alte Bronzen des Buddha Śākyamuni, die von seinen Anhängern mit Khatas (Glücks- und Verehrungsschleifen) geschmückt sind. An der linken Plastik verrät uns der Faltenwurf des Gewandes, daß sie aus der Gandhāra-Zeit stammt, während die rechte etwas später in Nepal (?) geschaffen und offensichtlich in mehreren Teilen gegossen und dann zusammengefügt wurde.

2 Buddha Śākyamuni mit seinen beiden Lieblingsjüngern Śāriputra und Maudgalyāyana. – Der Erleuchtete ist auf diesem Wandbild mit einem aus lauter kleinen Teilen zusammengesetzten Gewand dargestellt. Es erinnert daran, daß der Erhabene seinen Anhängern den Rat gab, sich die Kleidung aus Flicken herzustellen und sie mit „Dreck" zu färben.[9] Diesen setzte man im indischen Raum gleich Erde und benutzte hierzu die vielfach im Boden vorkommenden Krappwurzeln, deren Farbstoff rostrot oder wie geronnenes Blut aussieht. Noch heute besitzen die Gewänder der tibetischen Mönche diese Farbgebung.

3 Dieser Ausschnitt aus einem offensichtlich aus dem 17. Jahrhundert stammenden Wandbild veranschaulicht, wie der Vater seinem Sohn, dem Prinzen Siddhārtha Gautama, zeigt, wie ihn einst seine an einem Baum stehende Mutter aus ihrer rechten Seite geboren hat. Eine wohl einmalige Darstellung, da sonst zu sehen ist, wie ihn die Mutter gebiert. – Ferner ist dargestellt, wie der Neugeborene von zwei Schlangenkönigen das erste Bad erhält, und wie er gleich nach seiner Geburt sieben Schritte in jede Himmelsrichtung zu gehen vermochte (durch Blüten am Boden veranschaulicht).

4 Prinz Siddhārtha Gautama am Hof seines Vaters; wie er seine Habe verschenkt und in die Hauslosigkeit geht.

5 Ein weiterer Ausschnitt aus dem großflächigen Wandbild zeigt, wie sich dann der Prinz – nach der Legende – seine Haare mit einem Schwert abgeschnitten hat.

6 – 8 Der Ur- oder Ādi-Buddha Vajradhara in weißer und blauer Hautfarbe. – Er steht für die Aufhebung der Polaritäten und der Gegensätze und

damit auch für das zum Stillstandkommen des Rades der Wiedergeburten.[4]

9 Der Ur- oder Ādi-Buddha Samantabhadra wird von denjenigen verehrt, die die Lehre *(dharma)* darlegen.[4] – Die tibetische Bildunterschrift besagt: „Der vollständig Gute [in] Yab-yum".

10 + 11 Die fünf Dhyāni-Buddhas sind hier auf einem etwa aus dem 10. Jh. stammenden Flachrelief sowie in einem Wandgemälde aus heutiger Zeit – mit Akṣobhya in der Mitte – abgebildet. Jede Wesenheit ist an ihrer jeweiligen Körperfarbe und an ihrem Reit- oder Throntier zu erkennen.

12 + 13 Der Dhyāni-Buddha Amitābha wird hier auf einem neuen und einem alten Wandbild gezeigt. Bei frühen Darstellungen fällt auf, daß seine Hautfarbe entgegen den ikonographischen Vorschriften verschiedentlich in ihrem normalen Farbton (oder golden) wiedergegeben ist (Tafel 13, 15 und 19). Dann wird dem Betrachter vielfach ein außergewöhnlich feiner und sehr ins Detail gehender Malstil bewußt (Tafel 13 und 15), der mitunter auch die Landschaft mit in die Bildkomposition einbezieht (Tafel 13), was auf einen chinesischen Einfluß schließen läßt. Ferner tragen die Dhyāni-Buddhas oftmals Kronen (Tafel 13 und 15), was auch nicht in den ikonographischen Vorschriften zu finden ist. Es scheint sich hier ganz offensichtlich um einen Einfluß aus vorbuddhistischer Zeit (Bon-Religion) zu handeln, in der die Gottheiten mit Kronen abgebildet wurden.

14 Dieses Bild des Dhyāni-Buddha Amitābha wurde vor hunderten von Jahren von kaschmirischen (?) Künstlern geschaffen. Es ist umgeben von einer Unzahl kleiner Bilder von ihm. Sie stellen, gleich dem ständigen Wiederholen eines Mantras oder dem Drehen eines Maṇi-tschökhors (Gesetzesrad), das stete Wiederholen eines schöpferischen Aktes dar.[4]

15 Der Dhyāni-Buddha Amoghasiddhi ist hier in natürlicher und nicht nachtgrüner Hautfarbe zu sehen. Er ist an seiner Mudrā der Furchtlosigkeit oder des Segnens zu erkennen.

16 + 17 Mit diesen beiden Tafeln wenden wir uns dem Dhyāni-Buddha Vairocana ohne und mit seiner Yum, Paredra oder Prajñā, der Ḍākini Vajradhātvīśvarī, zu.

18 + 19 Auf diesen beiden Tafeln ist von dem einköpfigen Vairocana seine vierköpfige Emanation zu sehen. Sarvavid-Vairocana wird oftmals im Zentrum der fünf Dhyāni-Buddhas – insbesondere in Maṇḍalas – dargestellt. In seinen zur Meditation zusammengelegten Händen ruht sein Emblem, das goldene Rad der Lehre *(dharmacakra)*, das Zeichen eines Weltenherrschers *(cakravarin)*.[44] Vairocana gilt als „die Personifizierung höchster Intelligenz, aus der die Objektwelt emaniert ist, und frühe tantrische Texte spiegeln zum Teil die Ur-Buddha-Natur dieser Wesenheit wieder."[43]

Auf der Tafel 19 finden wir eine Skulptur des Sarvavid-Vairocana, die aus dem 11. Jh. stammen dürfte. Bei ihr ist das Rad der Lehre jedoch nicht zu sehen, da es durch die von Verehrern vorgenommene Bekleidung der verkörperten geistigen Wesenheit verdeckt ist. Dafür erkennt man die unterschiedliche Anordnung der vier Köpfe auf beiden Bildern gut.

20 Die Tafel zeigt uns acht der fünfunddreißig reinigenden Buddhas, die in lichten Farben veranschaulicht werden. Die Reinigung tritt durch längeres Rezitieren ihrer Namen ein, wodurch der Kopf wieder frei wird für ein heilsames Denken und Tun.[16]

21 Die acht heilenden oder Medizin-Buddhas werden insbesondere von Kranken und den in der Heilkunde tätigen Menschen verehrt. – In der Mitte der Abbildung ist der Medizinmeister oder Bhaiṣajyaguru zu sehen.

22 Der Bhaiṣajyaguru ist der höchste Heiler, der König des beryllfarbenen oder Lapislazulichtes, den wir auf einem alten Wandbild finden. Sein wichtigstes Emblem ist die Heilpflanze oder ihre Frucht, die er in seiner rechten, zum Geben geöffneten Hand dem Beschauer darreicht.

Den Künstlern, die seinerzeit das Bild schufen, stand offenbar keine blaue Farbe zur Verfügung, so daß sie eine ähnliche (Grau) nahmen. – Der höchste Heiler ist hier von zahlreichen Darstellungen des Akṣobhya umgeben. Auf die Symbolik dieser Darstellungsform wurde bereits hingewiesen.

23 Der Herr der Heilmittel, der Diamant, der Herr der Steine, der unveränderlichen klaren Essenz der Wirklichkeit *(dorje)*, [der] einen türkisfarbenen [Edelstein] (das Wunschjuwel) [und] einen Spiegel *(dapaṇa)* [trägt] – was die tibetische Bildbeschriftung besagt –, hält zwei Embleme in Händen, den Spiegel, in dem jeder die Befleckungen seines Karma sehen kann,[4] und das Wunschjuwel. – Der Spiegel mahnt uns, die Verunreinigungen unseres Karma zu erkennen und zu beseitigen sowie unsere geistige Genesung in Angriff zu nehmen und dem

Dharma – hier versinnbildlicht durch das Wunschjuwel – gemäß zu leben, damit wir künftig richtig denken, reden und handeln und dereinst das Nirvāṇa erreichen.

24 Maitreya als Buddha des künftigen Weltzeitalters. Er ist an seinem schmucklosen Mönchsgewand und an seinem kurzen, blauen gekräuselten Haar mit der Erleuchtungserhöhung auf seinem Haarknoten als Buddha zu erkennen. Er führt die Mudrā des Drehens des Rades der Lehre aus, eine symbolische Darstellung für das Darlegen der Lehre.

25 Hier ist wiederum Maitreya mit seiner symbolischen Hand- und Fingerhaltung des Lehrens zu sehen, der aber jetzt als Bodhisattva gekleidet und geschmückt dargestellt ist.

26 Auf einem alten Wandbild finden wir den Bodhisattva Maitreya im altindischen Stil stehend abgebildet. Er ist an seinen Mudrās der Furchtlosigkeit und des Gebens sowie an zwei Emblemen, die am häufigsten bei ihm zu sehen sind, der Lotosblüte und der Vase mit dem Wasser der Langlebigkeit, gut zu erkennen. Seine Krone besteht aus drei schmalen Reifen, die je drei Spitzen besitzen. Die drei Reifen sind ein Ausdruck königlicher Würde, das Zeichen eines Herrschers im weltlichen sowie im geistigen Bereich und haben nichts mit der erst später entwickelten Bodhisattvakrone gemein.[37]

27 Eine Großplastik des Bodhisattvas Maitreya in abendländischer Sitzhaltung. Seine Hände sind, in Anlehnung an vorbuddhistische Bräuche, die Gottheiten mit dem Blut geopferter weißer Hähne zu bespritzen, rot angemalt.[39]

28 Ungewöhnlich dürfte dieses Bild des zweiarmigen Avalokiteśvara im altindischen Stil sein. Er wird hier als Buddha mit dem Haupt seines geistigen Vaters Amitābha auf dem Kopf dargestellt, der in seiner erhobenen rechten Hand eine Lotosblüte hält.

29 Diese nepalesische (?) Bronze des Bodhisattva Avalokiteśvara dürfte wiederum sehr alt sein, was unter anderem an seiner Krone, die drei Spitzen besitzt (eine ist offensichtlich abgebrochen), und an der Ausformung seiner Aureole zu sehen ist. – Der Bodhisattva trägt ein Antilopenfell über seiner linken Schulter, das ein Zeichen dafür ist, daß er gelobt hat, nicht ins Nirvāṇa einzugehen, bevor das nicht auch alle lebenden Wesen zu tun vermögen.[4] Ferner finden wir bei ihm einen Gebetskranz mit hundertacht Perlen, einen vollerblühten Lotos in seiner linken Hand sowie das Bild seines geistigen Vaters Amitābha in der

Krone. Und schließlich hat Avalokiteśvara seine rechte Hand zur Mudrā der Furchtlosigkeit erhoben.

30 Die Dalai Lamas gelten als geistige Inkarnationen des hier gezeigten Ṣaḍakṣarī-Lokeśvara, der einköpfigen und vierarmigen Erscheinungsform des Avalokiteśvara.

31 Außerordentlich groß ist die Symbolik des Ekādaśamukha-Avalokiteśvara – zu ihr sei auf den Textteil verwiesen –, der den Bodhisattva mit elf Köpfen und acht Armen verkörpert.

32 + 33 Beeindruckend ist die über vier Meter hohe Plastik des Avalokiteśvara im Sumtsek des Kloster Alchi, die aus dem 11. Jahrhundert stammen dürfte. – Auf dem Wickelrock *(dhotī)* des Bodhisattvas sind in sehr feiner Manier Pilgerorte (?) dargestellt.

34 Der tausendarmige Bodhisattva Sahasrabhuja-Avalokiteśvara, den wir hier sehen, besitzt aber stets nur elf Köpfe, zwei Beine und Füße.

35 Die tausendarmige Uṣṇīṣasitātapatrā, eine Emanation der Tārā, ist ebenfalls ein Bodhisattva und hat – im Gegensatz zu der vorigen des Avalokiteśvara – jedoch auch tausend Köpfe, Beine und Füße.

36 Der elfköpfige und zweiundzwanzigarmige Bodhisattva Avalokiteśvara wird auf diesem Wandbild unten von den beiden Bodhisattvas, der Weißen und der Grünen Tārā flankiert. Oben ist (l. und r.) Amitābha (mit rotem Gewand) und darunter (l.) Akṣobhya (blaue Kleidung) und (r.) Amoghasiddhi (grün gewandet) zu sehen.

37 Die Grüne Tārā als Retterin aus acht großen Gefahren.

38 + 39 Die Grüne und die Weiße Tārā werden beide als die weibliche Seite des Avalokiteśvara angesehen, wobei die Grüne, die Śyāma-Tārā, sein spontanes karmafreies [helfendes] Tun aus Mitempfinden und die weiße Erscheinungsform, die Ārya-Tārā, seinen Weisheitsaspekt verkörpert,[26] die hier als Sita-Tārā und Beschützerin des langen Lebens gezeigt wird.

40 + 41 Der Bodhisattva Mañjuśrī, der mit dem flammenden Schwert *(khaḍga)* der unterscheidenden Erkenntnis die Knoten der Unwissenheit zerschneidet[41] und das Buch der transzendenten Weisheit *(prajñāpāramitā)* auf einer Lotosblüte, einem Symbol der reinen geistigen Entfaltung, besitzt, stellt einen der wichtigsten Aspekte des Buddha dar. Er ist hier als zweiarmiger Sita- sowie als Arapacana-Mañjuśrī in heutiger Malmanier zu sehen.

42 + 43 Selten dürfte der dreiköpfige und vierarmige Bodhisattva Nāmasaṅgīti-Mañjuśrī sowie der vierköpfige und achtarmige Dharmadhātu-Vagīśvara-Mañjuśrī im altindischen Stil zu finden sein. Auf diesen beiden Abbildungen ist wiederum Mañjuśrī mit dem erhobenen Schwert der Erkenntnis und dem Buch der vollkommenen Weisheit zu sehen, zu denen sich jetzt die beiden Embleme Bogen *(cāpa)* und Pfeil *(śara)* gesellen, die Erkenntnis und Methode ausdrücken, und ein Teil der Weisheit der sechsten Pāramitā (Vollkommenheit) sind, die mit den fünf anderen an das andere Ufer, zur Buddhaschaft, führen. Und da hier Mañjuśrī die beiden Attribute Bogen und Pfeil in zwei Händen hält, ist zu erkennen, daß sich die Wesenheit im Übergang zur Aktivität befinget.[9] – Auf Tafel 43 hält der Bodhisattva der Weisheit in den darunterliegenden Händen das Zepter der diamantklaren Wahrheit, den Vajra, sowie „die Stimme des Dharma", die Ghaṇṭā oder Glocke, während Mañjuśrī mit dem vierten Händepaar das Rad der Lehre dreht, also den Dharma darlegt. – Aus Anzeichen darf geschlossen werden, daß der achtarmige Dharmadhātu-Vagīśvara-Mañjuśrī (Tafel 43) zum Buddha-Kula gehört.
Bei den beiden äußerst symbolträchtigen Darstellungen dürfte es nicht stören, daß die alten Wandbilder im Laufe der Jahrhunderte verschiedentlich, und nicht gerade mit glücklicher Hand, restauriert worden sind, was an den Konturen besonders deutlich zu sehen ist. Außerdem dürfte auf Tafel 43 die gelbliche Übermalung des Körpers nicht richtig sein, was bedauerlich, aber nicht zu ändern ist.

44 + 45 Der zweiarmige Bodhisattva Vajrapāṇi in seiner zorn- und friedvollen Erscheinungsform. Er verkörpert den Kraftaspekt des Ur- oder Ādi-Buddha Vajradhara sowie der Erleuchtung.[4]

46 + 47 Der rote Vajrapāṇi mit Schlangen und einem Skorpion sowie seine Emanation als Garuḍa, der die Schlangen *(nāgas)*, die die unkontrollierten Kräfte des Unterbewußten darstellen, frißt, assimiliert und damit in die Kräfte des Lichtes wandelt.[9]

48 + 49 Die drei Bodhisattvas Vajrapāṇi (r.), Avalokiteśvara (m.) und Mañjuśrī (l.), die als Reliquienbehälter für Körper, Rede und Geist und für richtiges Handeln, Sprechen und Denken stehen, sind hier körperlich sowie durch drei Tschörten symbolisch dargestellt.[9]

50 + 51 Unter dem Vordach eines etwa im 11. Jahrhundert erbauten Tempels ist diese ausdrucksvolle und noch gut erhaltene Skulptur des reinigenden Bodhisattvas Vajrasattva zu finden sowie im Gegensatz zu dieser Darstellung ein neues Wandbild aus einem Lhakhang (Tempel).

52 + 53 Cakrasaṃvara (tib.: *Demtschog*) ist der Herr des mythologischen Weltenberges Meru und die Personifizierung des Muttertantras (Grundwerk, Lehrsystem) von der „Höchsten Glückseligkeit". Auf Tafel 52 wird seine einköpfige Erscheinungsform, Sahaja-Cakrasaṃvara, gezeigt, in der die Wesenheit in der Meditation visualisiert wird.[9]
Auf dem anderen Bild ist dagegen Cakrasaṃvara in seiner allgemein bekannten Emanation mit vier Köpfen, zwölf Armen und in Yab-yum mit der roten Ḍākinī Vajravārāhī zu sehen.

54 + 55 Kālacakra, das Rad der Zeit, im friedvollen sowie im rasenden Aspekt, die Verkörperung eines Lehrsystems *(tantra)*, in das auch die Zeit mit einbezogen ist.

56 Der Dharmapāla Kubera, der Hüter der geistigen Schätze, mit einer juwelenspeienden Manguste oder Schleichkatze und dem Siegesbanner des Buddhismus.

57 Vasudhārā ist die Göttin des Überflusses, die hier in ihrer zweiarmigen Erscheinungsform gezeigt wird. Mit ihrer rechten Hand reicht sie dem Beschauer geistige Schätze dar und in ihrer linken, die zur Mudrā der Furchtlosigkeit erhoben ist, eine Getreideähre. Und zu allem Überfluß stehen hier neben dem Lotosthron dieses gedachten Wesens auch ein Paar Schuhe. – Die Göttin weist darauf hin, daß geistige Schätze im Überfluß vorhanden sind, und wir uns ihrer ohne Furcht bedienen sollen.

58 Der Dharmapāla Mahākāla, die zornvolle Erscheinungsform des Avalokiteśvara[4,1], kommt in zahlreichen Varianten vor. Er ist hier in seiner sechsarmigen Emanation als Ṣaḍbhuja-Mahākāla zu sehen, wie er im rechtsausfallenden Seitenschritt auf dem elefantenköpfigen Gaṇeśa, dem Sohn Śivas, steht. Er hält zwischen seinen beiden oberen Armen eine frisch abgezogene und noch blutige Elefantenhaut ausgespannt, eine dicke Haut, die wir uns gerne umlegen, damit wir die Not um uns herum nicht sehen und Mitleid mit anderen Wesen empfinden können.[33]

59 Ein grüner vierarmiger Mahākāla in Yab-yum, den es in dieser Form auch in den Körperfarben Blau, Gelb und Rot gibt.

60 Der sechsarmige Cintāmaṇi-Mahākāla hat seinen Namen von dem Wunschjuwel Cintāmaṇi, das er vor seine Brust hält und das alle geistigen Wünsche erfüllt. Auf der Mittelspitze der Krone dieser Skulptur ist ein Triratna dargestellt. Es symbolisiert Buddha, die Lehre *(dharma)* und die Mönchsgemeinde *(saṅgha)*.

61 Der löwenköpfige Mahākāla. – Der Löwe ist neben einem Sonnensymbol ein Zeichen von Mut, Kraft und Stärke, von Herrschermacht und transzendenter Weisheit.[4] Hierdurch wird verständlich, warum Buddha Śākyamuni auch als der „Löwe aus dem Geschlecht der Śākya"[4] bezeichnet wird. Und wenn hier eine der zornvollen Erscheinungsformen des Avalokiteśvara (Mahākāla) mit einem Löwenkopf dargestellt wird, dann ist es ein Ausdruck seiner Kraft und transzendenten Weisheit – versehen mit dem Schwert der Erkenntnis *(khaḍga)*.

62 Der Bing-Mahākāla ist an seinem großen Vierkantstab zu erkennen, den er in Händen hält. Im einführenden Text zu dieser Wesenheit wurde bereits gesagt, daß mit ihm die Mönchsgemeinden aller Lehrrichtungen zum Beichtritual gerufen werden.[1] So ist der Stab mit dem Erkennen der eigenen Schwächen und Fehler sowie deren Beseitigung eng verbunden, ohne die es kaum eine eigene Weitervervollkommnung geben kann. Der hier gezeigte Ausschnitt aus einem Wandbild stammt aus einem Tempel der Nyinmapa, der „Schule der Alten", einer unreformierten Lehrrichtung, und ist eine kleine Variante seiner üblichen Darstellungsform. Denn hier wird der Bing-Mahākāla zusätzlich mit zwei weiteren Emblemen, einem Opfermesser *(kartṛkā)* und einer blutgefüllten Schädelschale, dargestellt. Sie sind die Umkehrung von Vajra, dem Zepter der diamantklaren Wahrheit, und Ghaṇṭā (Glocke)[1], der Stimme der Lehre, die bei friedvollen Aspekten des Buddha als Attribute zu finden sind. So ist das hier gezeigte und im Geist entstandene Wesen „... mit Gutem versehen", was die tibetische Bildbeschriftung besagt. Ferner ist zu erkennen, daß diese Wesenheit auch den Kreislauf von Geburt, Tod und Wiederverkörperung *(saṃsāra)* überwunden hat, denn sie steht auf einer Frau und einem Mann, die jedoch so auf einem Stier und einer Kuh liegen, daß kein neues Leben gezeugt werden kann.

63 Der Maning-Mahākāla führt das herausgerissene Herz eines Feindes der Lehre zu seinem Munde, um es zu verzehren. – Wir müssen hier daran denken, daß im Buddhismus das Herz als das geistige Zentrum, der Sitz aller Gedanken, die zu guten und schlechten Taten eines Menschen führen, angesehen wird.[1] Wenn hier nun eine der zornvollen Erscheinungsformen des Bodhisattva (Erleuchtungswesen) der Barmherzigkeit (Avalokiteśvara) das Herz eines Feindes der Lehre, eines Unwissenden, ißt, vernichtet er damit auch die Drei Grundübel: Gier, Haß und Verblendung oder Wahn in ihm, die ihn an den Kreislauf von Geburt, Tod und Wiedergeburt binden.[1] So zeigt uns der Maning-Mahākāla, daß wir auch bemüht sein müssen, die „Ichheit" zu überwinden, damit wir das

große intuitive Mitempfinden und Mit-Leiden *(mahākarūṇā)* lernen auszuüben, damit wir dereinst die Erlösung, das Nirvāṇa, erlangen.

64 + 65 Der einzige weibliche Dharmapāla ist Śrīdevī, die mächtigste und furchterregendste Wesenheit des Lamaismus. Sie gilt als Beschützerin der Dalai und der Panchen Lamas. In ihren rasenden Erscheinungsformen reitet sie, seitlich mit gefesselten Füßen auf einem Maultier sitzend, über einen Blutsee, wobei ihr eine Menschenhaut als Satteldecke dient.

Über ihrem Haupt ist ein Schirm aus Pfauenfedern zu erkennen, oder es sind nur drei von ihnen vorhanden, die Śrīdevī vor geistigen Giften beschützen, sowie ein Kerbholz, das sie bei ihrer einköpfigen und zweiarmigen Erscheinungsform hinter einem Gürtel aus Schlangen stecken hat. Dann ist auf der Stirn ihres Reittieres ein Spiegel *(darpaṇa)* zu sehen (bei anderen Darstellungen hält sie auch einen in Händen), in dem jeder seine guten und schlechten Taten erkennen kann.[4] Ferner hängen am Zaumzeug des Tieres zwei rote Tafeln, in die Yama Zeichen geritzt hat, sowie zwei Würfel. Aufgrund dieser Gegenstände oder Attribute ist es möglich, daß Peldenlhamo, wie die Wesenheit auf tibetisch heißt, mit dem Totengericht in Verbindung steht. Anderseits kann davon ausgegangen werden, daß uns dies im Geist entstandene Wesen an den Tod mahnen will, was die zweite hier gezeigte Darstellung mit drei Köpfen und sechs Armen unterstreicht, die in ihrer erhobenen rechten Hand eine menschliche Leiche hält. Zu den weiteren Attributen dieser Erscheinungsform gehört aber auch eine Manguste oder Schleichkatze, die Juwelen speit. So mahnt uns Śrīdevī, ein Dharmapāla, der die Wesen unterweist, daß wir den Tod nicht aus den Augen lassen und danach trachten sollen, Verdienste und geistige Schätze zu erlangen, damit wir einmal die Erlösung, das Nirvāṇa, erreichen können.

66 In dem Dharmapāla Hayagrīva vereinigen sich altindische sowie auch türkisch-mongolische Einflüsse. Sein besonderes Kennzeichen ist der oder sind die drei grünen Pferdeköpfe in seinem flammengleich in die Höhe stehenden Haar. Deshalb verwundert es nicht, daß diese Wesenheit besonders von den Pferdezüchtern verehrt wird. Hayagrīva, der auch in Yab-yum vorkommt, ist ebenfalls ein Yi-dam, eine persönliche Schutzwesenheit für das eigene Bewußtsein. – Am 6. Tag des dritten Stadiums des Bardo erscheint dies Geistwesen dem Verstorbenen vor seinem inneren Auge. Ferner wird er am Ende seines Zwischenzustandes Beschworen, über Hayagrīva zu meditieren, um zu verhindern, daß er von Furien in eine ungewollte Wiedergeburt gedrängt wird.[38]

67 Der Dharmapāla Begtse, dessen Name verborgenes Panzerhemd bedeutet, ist ein Damcan, ein durch Eid gebundener, der durch Padmasambhava (?) der buddhistischen Lehre dienstbar gemacht worden ist. So wurde aus einem gewaltigen Kriegsmann ein Streiter für den Frieden.

68 Diese Tafel, ein Ausschnitt aus einem großflächigen Wandbild, zeigt einen Dharmapāla, einen Beschützer der Lehre, der einen Lederpanzer trägt und der Anführer einer Schar ist. Der Kleidung nach ist es wiederum ein Damcan, der mit seinem Pferd über einen Blutsee reitet, in dem Schlangen und Skorpione zu erkennen sind. Die tibetische Beschriftung unter dem Reiter besagt, daß es sich um einen Dharmapāla handelt, der die Wesen unterweist und Leder [einen Lederpanzer] trägt.
Diese Darstellung läßt sich wie folgt interpretieren:
„Diese im Geist entstandene Wesenheit ist im Dharma bewandert[a)], besitzt die Erleuchtungsweisheit des Buddha[b)] und ist eine Autorität in religiösen Angelegenheiten.[c)] Und wenn wir ihren Belehrungen, dem Dharma gemäß leben und handeln, dann vermögen wir uns – siehe hierzu Vajrasattva, Seite 39 – von leichten und schweren [geistigen] Krankheiten[d)] zu reinigen sowie von bösen Geistern, Dämonen und Hindernissen[e)] zu befreien, die Verunreinigungen unseres Karma zu neutralisieren, Verdienste anzusammeln und dadurch die Erlösung zu erlangen."

Anmerkungen hierzu:
a) Hierauf weisen die fünf Wimpel in den Farben aller Buddha-Familien auf dem Helm des Anführers hin.
b) Das wird durch die vier Wimpel auf seinen Schultern in den Farben der Tathāgatas ausgedrückt, die je einen Einzelaspekt der Erleuchtungsweisheit des Buddha darstellen.
c) Das drückt das Dreifache Schmuckornament aus, das auf seinem rechten Schuh zu erkennen ist.[17]
d) Sie treten bei der ersten Reinigung neben anderem als Blut aus den beiden unteren Öffnungen und den Fußsohlen aus.[31]
e) Bei dieser Reinigung werden sie als kleine unangenehme Kreaturen, als Schlangen, Skorpione und Spinnen an den gleichen Stellen ausgeschieden.[31]

69 Das Rad der Existenzen wird von einem Dämon in seinen Klauen gehalten, der entweder als Māra, der große Versucher, oder als Yama,[4] das Sinnbild für die Unwissenheit, angesehen wird. Das Lebensrad veranschaulicht die sechs Daseinsbereiche der Täuschung und Verblendung, in denen ein Lebewesen immer wiedergeboren wird, bis es den Kreislauf des Saṃsāra durchbrechen kann. In der Radnabe sind die Drei

Grundübel oder Gifte zu sehen, die ein Lebewesen an den Kreislauf der Wiedergeburten binden. Die Gier wird durch einen Hahn, der Haß durch eine Schlange und der Wahn, der Ich-Wahn, durch ein Schwein versinnbildlicht. Und schließlich sind auf dem Radkranz oder der Felge die zwölf Glieder des „abhängigen Entstehens" abgebildet. – Auf eine dieser Formen sei hier noch hingewiesen: Wie ein Töpfer seine Gefäße formt, so gestalten wir durch unser Tun unser Karma (rechts oben).

70 Diese Tafel zeigt eine sehr reizvolle Darstellung des Yama als Totenrichter, die dem Höllenbereich eines Rades der Existenzen entnommen ist. In ihrer Rechten schwingt die Wesenheit einen tantrischen Stab, während sie in ihrer Linken einen Spiegel *(darpaṇa)* hält, in dem jeder seine guten und schlechten Taten erkennen kann.[4] Vor dem Thron des Totenrichters kniet ein soeben verstorbener Mensch, während ein Licht- und ein Schattenwesen seine irdischen Taten vor beiden ausbreiten (ausschütten).

71 Yama, der Herr des Totenbereiches und ein Sinnbild der Unwissenheit, wird meist dargestellt, wie er (oft mit einer Zwillingsschwester Yamī) auf einem Stier steht, der mit einer unter ihm liegenden Frau neues Leben zeugt. Eine sehr eindrucksvolle Veranschaulichung des Saṃsāra, des steten Kreislaufs von Geburt, Tod und Wiedergeburt.[4]

72 Im tibetischen Raum sind infolge des vorwiegend felsigen oder steinigen Bodens Erdbestattungen kaum möglich, und für Einäscherungen fehlt das Brennmaterial, daher finden in Tibet Luftbestattungen statt, wie es dieser Ausschnitt aus einem Wandbild zeigt.

73 In den Tempeln finden wir gelegentlich Citipatis abgebildet, die aber bei keinem Tschammysterienspiel fehlen, und uns an unsere Vergänglichkeit, an den Tod, denken lassen sollen.

74 Nach buddhistischer Auffassung befindet sich ein Verstorbener in den ersten neunundvierzig Tagen nach seinem Tode im Bardo, einem Zwischenzustand bis zu seiner Wiederverkörperung. In dieser Zeit hat er zahlreiche Visionen von fried- und zornvollen Erscheinungsformen, die seinem eigenen Hirn entspringen. Am 12. Tag des dritten Stadiums sieht er den hier gezeigten Karma-Heruka, einen der zornvollen Bluttrinker. Er ist einer der „Führer auf dem lichtvollen Pfad der fünf Weisheiten", die die Macht besitzen das Böse zu überwinden.[14]

75 Es gibt nicht nur „ein" tibetisches Totenbuch, sondern mehrere. Hieraus ergibt sich, daß dadurch die Anzahl der in ihnen vorkommenden Wesenheiten nicht immer gleich ist. Bei den unreformierten Lehrrichtungen, „der Schule der Alten", den Nyinmapas, sowie den Dukpa Kagyüpas, werden bei den Totenritualen Ritualtexte verwandt, in denen ein weiteres im Geist entsandenes Wesen vorkommt, das in anderen nicht vorhanden ist. Es ist Vajrakumāra oder Vajrakīla, den wir hier sehen. Sein wichtigstes Attribut, das ihm seinen Namen gab, ist sein dreischneidiger Dolch Vajrakīla (tib.: *phurbu*), der auch als „Dämonennagel" bezeichnet wird, und den Vajrakumāra hinter dem Rücken seiner ihn eng umarmenden Prajñā in seinen beiden Haupthänden hält. – Mit dem magischen Dolch sollen im Bardo die Drei Grundübel oder Gifte vernichtet werden, die uns an den Kreislauf von Geburt, Tod und Wiedergeburt *(saṃsāra)* binden.[40]

76 Von dem Bodhisattva Mañjuśrī gibt es bei den Gelugpas eine zornvolle Erscheinungsform, den Dharmapāla Yamāntaka, von dem es eine noch furchterregendere Form gibt, in der Mañjuśrī, der Bodhisattva der Weisheit, den Tod besiegt hat. Es ist Vajrabhairava, der hier mit neun Köpfen, vierunddreißig Armen und sechzehn Beinen sowie in Yab-yum vorgestellt wird. Wenn man sein schreckeinflößendes Bild betrachtet, dann fragt man sich nach der Bedeutung dieser Wesenheit. Zunächst muß man sich bewußt werden, daß jedes Lebewesen Angst vor dem Tod hat, und daß deswegen seine körperliche Darstellung zornvoll sein muß. Und wenn ein anderes Wesen ihn besiegt hat, dann muß es folgerichtig noch grauenhafter aussehen. – Über all dem Furchtbaren des Vajrabhairava ist das friedvolle Gesicht seines geistigen Vaters, des Bodhisattvas der Weisheit, des Mañjuśrī, zu erkennen, „der mit seinem flammenden Schwert des Wissens und der Wahrheit die Knoten der Unwissenheit und Vorurteile zerschneidet"[41] und das Buch der transzendenten Weisheit *(prajñāpāramitā)* auf einer Lotosblüte der reinen geistigen Entfaltung ruhend besitzt. Ferner ist daran zu denken, daß Mañjuśrī ein Bodhisattva ist, das heißt, daß er gelobt hat, allen lebenden Wesen zu helfen, sie dahin zu führen, daß sie erkennen, was sie tun müssen, damit sie den Kreislauf von Geburt, Tod und Wiedergeburt durchbrechen, den Tod besiegen und das Nirvāṇa erreichen.

77 Amitāyus ist die gekrönte und geschmückte Erscheinungsform des Dhyāni-Buddha Amitābha. – Amitāyus hält in seinen zur Meditation zusammengelegten Händen eine kleine Vase mit dem Wasser der Todlosigkeit, das der Wesenheit seinen Namen, „das unermeßliche Leben", gab. Amitāyus mahnt uns, darüber zu meditieren, wie wir das Wasser der Unsterblichkeit in unserem geistigen Leib entstehen lassen können, damit wir das Nirvāṇa erreichen.

78 Mit der letzten Bildtafel dieses Buches wenden wir uns noch einmal Yama (mit seiner Zwillingsschwester) zu, der jetzt aber in seiner friedvollen Erscheinungsform gezeigt wird. In seiner erhobenen Rechten hält er als Emblem die tantrische Axt *(paraśu)*, und in seiner Linken ist die Fangschlinge *(pāśa)* zu erkennen. Mit der Axt werden gemäß einem Ritualtext die Fesseln, die uns an das Saṃsāra, den Kreislauf von Geburt, Tod und Wiedergeburt, binden, durchtrennt.[1] Und mit der Schlinge, die wir bei zahlreichen im Geist entstandenen Wesen (z. B. verschiedene Formen des Mahākāla sowie des Vajrapāṇi) finden, wird der Geist in der Meditation immer wieder gefangen und an das Meditationsobjekt herangeführt.* Ferner werden mit der Schlinge auch die Feinde der Lehre, als sie gelten Wesen mit negativen Eigenschaften, geistig gebunden.[1]
Was mag diese Darstellung des Herren des Totenbereichs bedeuten, der sonst nur zornvoll zu sehen ist? Sie veranschaulicht, daß wir, wenn wir richtig denken, reden und handeln, die Erlösung erlangen, und daß der Tod im Grunde eine Illusion ist.[42]
Die tibetische Bildbeschriftung, die unter dieser Darstellung angebracht ist, lautet: „Die große Wesenheit, die Macht über die Welt besitzt".

*) Das tibetische Wort *„drenpa"* wird hier als „Erinnerrung wiedergegeben. Erinnern bedeutet, daß der Geist während der Meditation immer auf das Meditationsobjekt konzentriert bleibt und nicht das Objekt (z. B. den Atem) verliert.[1]

Anhang

Hinweise zur Aussprache der Sanskritwörter

In diesem Buch sind die in Sanskrit vorkommenden Namen und Begriffe nach der offiziellen wissenschaftlichen Umschrift wiedergegeben.

Vokale

a, i, u	werden etwa wie im Deutschen ausgesprochen
ā, ī, ū	sind Langvokale und werden in deutsch wie „malen“ oder „lieben“ ausgesprochen
e und o	sind stets lange Vokale
ṛ	ist in Sanskrit ein Vokal und wird wie ein „r“ mit einem kurzen nachhallenden „i“ ausgesprochen.
ai und au	werden wie im Deutschen ausgesprochen

Konsonanten

ṅ	ungefähr wie in deutsch „ng“ in „Engel“
c	ungefähr wie in deutsch „tsch“ in „Tschechien“
j	ungefähr wie in deutsch „dsch“ in „Dschungel“
ñ	ungefähr wie in spanisch „n“ in „España“
ṭ ṭh, ḍ ḍh, ṇ	ungefähr wiet, th, d, dh, n aber mit zurückgebogener Zunge
v	ungefähr wie in deutsch „v“ in „Vase“
ś ṣ	ungefähr wie in deutsch „sch“

Ein „h“ muß immer gesprochen werden wie z. B. „Budd-ha“ und nicht „Budda“ und dient niemals als Dehnangszeichen wie im Deutschen.

„y“ ist im Sanskrit ein Konsonant und ist wie ein „j“ in „jung“ oder „Jahr“ auszusprechen.
„ṃ“ nach einem Vokal führt dazu, daß dieser nasal ausgesprochen wird, also z. B. „-aṃ“ wie „en“ in französisch „enquête“.

Die restlichen Konsonanten können ungefähr wie im Deutschen ausgesprochen werden.

Betonung

Die Betonung von Sanskritwörtern hängt davon ab, ob die Silbe lang oder kurz ist. Eine Silbe ist dann lang , wenn entweder der Vokal lang ist (ā, ī, ū, e, o, ai, au) oder aber auf einen kurzen Vokal zwei oder mehr Konsonanten folgen.

Es gelten ungefähr folgende Betonungsregeln:

1. Der Ton liegt normalerweise auf der vorletzten Silbe (z. B. „mūni“, „dhyā́ni“, „Siddhā́rtha“ etc.).
2. Bei Wörtern mit mehr als zwei Silben gilt:
   2.1. Ist die vorletzte Silbe kurz, dann wird die drittletzte Silbe betont (z. B. „Gáutama“ und nicht „Gautáma“, „Maudgalyā́yana“ etc.).
   2.2. Sind die vorletzte und die drittletzte Silbe kurz, dann wird die viertletzte betont, gleichgültig, ob sie lang oder kurz ist (z. B. „Vájradhara“ etc.).

Anmerkungen / Quellenhinweise

1) Tibet-Institut, Rikon / Schweiz, persönliche Information

2) Olschak, Blanche Christine und Gesche Thupten Wangyal: Mystik und Kunst Alttibets, Bern / Stuttgart 1972, S. 52

3) Govinda, Anagarika: Buddhistische Reflexionen, Bern, München, Wien 1983, S. 231

4) Advayawajra (Dr. Karl-Heinz Gottmann): Ausführungen in einem Seminar

5) Govinda, Anagarika: Buddhistische Reflexionen, Bern, München, Wien 1983, S. 82 und 157

   vergleiche auch:
   Glasenapp, Helmut v. (Herausgeber): Buddha, Pfad zur Erleuchtung, Düsseldorf/ Köln 1956, S. 149

   Lauf, Detlef Ingo: Das Erbe Tibets, München, Bern, Wien 1975 S. 98 und 76

6) Ngawang, Gesche Thubten: Tibetisches Zentrum Hamburg, persönliche Information

7) Keilhauer, Anneliese: Buddhismus, Stuttgart 1980, S. 70

8) Govinda, Annagarika: Buddhistische Reflexionen, Bern, München, Wien 1983, S. 176

9) Advayavajra (Dr. Karl-Heinz Gottmann): persönliche Information

10) Govinda, Anagarika: Buddhistische Reflexionen, Bern, München, Wien 1983, S. 180 ff.

    vergleiche auch
    Lauf, Detlef Ingo: Das Erbe Tibets, München, Bern, Wien 1975, S. 129

11) Govinda, Anagarika: Buddhistische Reflexionen, Bern, München, Wien 1983, S. 184

    vergleiche auch
    Lauf, Detlef Ingo: Das Erbe Tibets, München, Bern, Wien 1975, S. 129

12) Govinda, Anagarika: Buddhistische Reflexionen, Bern, München, Wien 1983, S. 178

13) Govinda, Anagarika: Weg der weißen Wolken, Bern, München, Wien 1981, S. 51

14) Lauf, Detlef Ingo: Geheimlehren tibetischer Totenbücher, Freiburg /i. B. 1979, S. 164

15) ebenda Tafel 2

16) Olschak, Blanche Christine und Gesche Thupten Wangyal: Mystik und Kunst Alttibets, Bern, Stuttgart 1972, S. 136

17) The Library of Tibetan Works and Archives, Dharamsala / Indien: persönliche Information

18) Govinda, Anagarika: Weg der weißen Wolken, Bern, München, Wien 1981, S. 96

19) Govinda, Anagarika: Buddhistische Reflexionen, Bern, München, Wien 1983, S. 182

20) ebenda S. 244

21) ebenda S. 188

22) Govinda, Anagarika: Grundlagen tibetischer Mystik, Zürich, Stuttgart 1966

23) Govinda, Anagarika: Weg der weißen Wolken, Bern, München, Wien 1981, S. 184

24) Advayawajra (Dr. Karl-Heinz Gottmann): Der Kreis, Informationsblatt des Orden ĀMM Nummer 205 1992, S. 6 f. und Nr. 204, S. 15

25) ebenda Nummer 205 1992, S. 19 f

26) ebenda Nummer 204 1992, S. 13

27) ebenda Nummer 190 1989, S. 13

28) ebenda Nummer 205 1992, S. 10 f

29) Goepper, Roger: Alchi, Buddhas, Göttinnen, Mandalas, Köln 1982, S. 19

30) Govinda, Anagarika: Weg der weißen Wolken, Bern, München, Wien, 1983, S. 264

31) Amipa, Lama Sherab Gyaltsen: Geistesschulung im tibetischen Buddhismus, Interlaken 1986, S. 135 ff. Die Ausführungen wurden mit freundlicher Genehmigung des Ansata Verlages sinngemäß und z. T. auch wörtlich übernommen.

32) Govinda, Anagarika: Weg der weißen Wolken, Bern, München, Wien 1981, S. 52

33) Govinda, Anagarika: Der Kreis, Informationsblatt des Orden ĀMM, Nummer 191 1989, S. 11 f

34) ebenda Nummer 190 1989, S. 11

35) Govinda, Anagarika: Weg der weißen Wolken, Bern, München, Wien 1981, S. 370

36) ebenda S. 369

37) Advayavajra (Dr. Karl-Heinz Gottmann): Der Kreis, Informationsblatt des Orden ĀMM, Nummer 204 1992, S. 10

38) Lavizzari-Raeuber, Alexandra: Thangkas, Rollenbilder aus dem Himalaya, Kunst und symbolische Bedeutung, Köln 1984, S. 173

39) Thiele, Prof. Dr. Peter: persönliche Information

40) Lauf, Detlef Ingo: Geheimlehren tibetischer Totenbücher, Freiburg/i. B. 1979, S. 173

41) Govinda, Anagarika: Weg der weißen Wolken, Bern, München, Wien 1981, S. 329

42) ebenda S. 369

43) Lavizzari-Raeuber, Alexandra: Thangkas, Rollenbilder aus dem Himalaya, Kunst und symbolische Bedeutung, Köln 1984, S. 125

44) Advayavajra (Dr. Karl-Heinz Gottmann): Der Kreis, Informationsblatt des Orden ĀMM, Nummer 205, 1992, S. 15

vergleiche auch:
Digha-Nīkaya 26, Cakkavatti-Sihanāda Sutra

45) Olschak, Blanche Christine und Gesche Thupten Wangyal: Mystik und Kunst Alttibets, Bern, Stuttgart 1972, S. 71

Literaturverzeichnis

Es erscheint hier zunächst eine Anmerkung erforderlich.

Tibet war bis zur chinesischen Invasion und der sich später aus ihr ergebenden Flucht vieler Tibeter ein abgeschlossenes Land, so daß außerhalb seiner Grenzen nur ein allgemein verschwommenes Bild von seiner geistigen Welt vorhanden war. Erst als tibetische Gelehrte in das Abendland und in die Neue Welt kamen, lichtete sich der Nebel. So ist es verständlich, daß in frühen abendländischen Veröffentlichungen, sowie in den neuen, die aus ihnen schöpften, Unrichtigkeiten zu finden sind. Dennoch haben die alten bahnbrechenden Arbeiten auch heute noch ihren Wert. Wir müssen sie nur sorgsam lesen und gegebenenfalls zu interpretieren wissen.

Amipa, Sherab Gyaltsen, Rabjampa Geshe: Geistesschulung im tibetischen Buddhismus, Interlaken 1986

Aschoff, Jürgen (Texte); Weyer, Helfried (Fotos): Tsaparang, Freiburg/i. B. 1987

Aufschnaiter, Peter: Sein Leben in Tibet, Insbruck 1983

Bachhofer, Joss (Herausgeber): Verrückte Weisheit – Leben und Lehren Milarepas, Haldanwang 1986

Dagyab, Loden Sherap, Rinpoche: Buddhistische Glückssymbole im tibetischen Kulturraum, München 1992

Dalai Lama: Einführung in den Buddhismus – die Vorträge von Harvard, 85567 Grafing (ohne Jahresangabe)

Dargyay, Eva K.: Das Tibetische Buch der Toten, Bern/München/Wien 1977

Evans-Wentz, W. Y.: Das Tibetische Totenbuch, Zürich 1948

Gerner, Wendelgard u. Manfred: Hemisfest, tibetische Tschammysterien, Stuttgart 1978

Glasenapp, Helmut von (Herausgeber): Buddha, Pfad zur Erleuchtung, Düsseldorf/Köln 1956 (Reprint, ohne Jahresangabe)

Goepper, Roger: Alchi, Buddhas · Göttinnen · Mandalas, Köln 1982

Govinda, Anagarika: Grundlagen tibetischer Mystik, Stuttgart 1966
Der Stupa, Freiburg /i.B. 1978
Weg der weißen Wolken, Bern/München/Wien 1981
Buddhistische Reflexionen, Bern/München/Wien 1983

Grünwedel, Albert: Mythologie des Buddhismus in Tibet und der Mongolei, Osnabrück 1970 (Reprint der Ausgabe von Berlin 1900)

Hoffmann, Helmut: Symbolik der tibetischen Religionen und des Schamanismus, Stuttgart 1967

Hummel, Siegbert: Lamaistische Studien, Leipzig 1950
Geschichte der tibetischen Kunst, Leipzig 1953
Die lamaistische Kunst in der Umwelt von Tibet, Leipzig 1955

Könchog, Gyaltsen Rinpoche, Khenpo: Auf der Suche nach dem reinen Nektar des langen Lebens, Grundlagen des tibetischen Buddhismus, Berlin 1994

Keilhauer, Anneliese u. Peter: Ladakh und Zanskar – lamaistische Klosterkultur zwischen Indien und Tibet, Köln 1980

Kunstamt Berlin Tempelhof, Ausstellungskatalog: Tantrische Kunst, Berlin 1981

Lauf, Detlef Ingo: Das Erbe Tibets, München/Bern/Wien 1975
Eine Ikonographie des tibetischen Buddhismus, Graz 1979
Geheimlehren tibetischer Totenbücher, Freiburg /i. B. 1977

Lavizzari-Raeuber, Alexandra: Thangkas, Rollenbilder aus dem Himalaya, Kunst und mystische Bedeutung, Köln 1984

Lexikon der östlichen Weisheitslehren, Bern/München/Wien 1986

Milindapanha; Nyanaponika (Herausgeber): Die Fragen des Königs Milinda, Interlaken

Nyanatiloka (Herausgeber): Das Wort des Buddha, Konstanz 1978
Der Weg zur Erlösung, Konstanz 1956
Die Lehrreden des Buddha, Köln 1969

Olschak, Blanche Ch. u. Wangyal, Geshe Thupten: Mystik und Kunst Alttibets, Bern/Stuttgart 1972

Sagaster, Klaus (Herausgeber): Ikonographie und Symbolik des Buddhismus, Teil A II, Wiesbaden 1983

Tucci Giuseppe: Geheimnis des Mandala; Theorie und Praxis, Düsseldorf 1995 (Reprint der Auflage Bern/München von 1972)

Waldschmidt, Ernst (Übersetzer): Die Legende des Buddha, Hamburg 1991 (Reprint der 1929 im Volksverband der Bücherfreunde, Wegweiser-Verlag GmbH, Berlin erschienenen Ausgabe)

Register

E

F

G

H

I

T

U

V

W

Y

Z